- 陕西省教育科学"十四五"规划 2023 年度课题"陕西省大中小学思想政治教育一体化建设的现状调查及推进路径研究"（SGH23Q0270）
- 中央高校基本科研业务费 24 年自由探索项目"数智时代增强中华文化认同的内在逻辑与创新路径研究"（ZYTS24047）

高校思想政治理论课
教学过程优化研究

李琰 ○ 著

中国社会科学出版社

图书在版编目（CIP）数据

高校思想政治理论课教学过程优化研究 / 李琰著.
北京：中国社会科学出版社，2025.1. -- ISBN 978-7-5227-3872-7

Ⅰ. G641

中国国家版本馆 CIP 数据核字第 2024793QS6 号

出 版 人	赵剑英
责任编辑	刘　艳
责任校对	陈　晨
责任印制	郝美娜

出　　版	中国社会科学出版社
社　　址	北京鼓楼西大街甲 158 号
邮　　编	100720
网　　址	http://www.csspw.cn
发 行 部	010-84083685
门 市 部	010-84029450
经　　销	新华书店及其他书店
印　　刷	北京君升印刷有限公司
装　　订	廊坊市广阳区广增装订厂
版　　次	2025 年 1 月第 1 版
印　　次	2025 年 1 月第 1 次印刷
开　　本	710×1000　1/16
印　　张	14.75
插　　页	2
字　　数	201 千字
定　　价	98.00 元

凡购买中国社会科学出版社图书，如有质量问题请与本社营销中心联系调换
电话：010-84083683
版权所有　侵权必究

序

杨 威

在高校人才培养与课程体系中,思想政治理论课是立德树人的关键课程。在高校教育教学活动中,思想政治理论课教学是对学生进行系统的马克思主义理论教育、提升学生思想政治素质的教学活动。要实现高校思想政治理论课的教学功能,必须把握其教学过程的内在规律;要提升高校思想政治教育课的教学效果,必须优化其教学过程。当前,对提高思想政治理论课教学效果、优化思想政治理论课教学过程的实践需求不断强化,然而从课程教学论尤其是教学过程优化的角度,对这一实践需求进行理论回应的研究成果却不多见。李琰博士的论著——《高校思想政治理论课教学过程优化研究》,对高校思想政治理论课教学过程优化的内在规律与一般原理进行系统深入的研究,对于增进对高校思想政治理论课教学过程的理论认知、提升高校思想政治理论课教育教学效果,无疑都具有重要的启发与借鉴意义。

该书紧扣高校思想政治理论课教学过程的特殊规定性和一般规律性,借鉴吸收课程与教学论、系统论等相关学科理论与方法,对高校思想政治理论课教学过程优化的内涵、意义、要素、结构、目标、机制、原则、路径等问题展开了全面系统的研究。其理论贡献主要体现在以下几个方面:

第一,立足于高校思想政治理论课教学过程的特点,阐释了高校思想政治理论课教学过程优化的内涵。要回答如何优化高校思想政治理论课教学过程这一问题，必须首先把握高校思想政治理论课教学过程的特点。高校思想政治理论课教学既有一般教学过程的普遍性，又有其特殊性，是对学生进行世界观、人生观、价值观教育的过程，也是在系统的马克思主义理论教育下提高学生思想政治素质的过程。该书认为，高校思想政治理论课教学过程是三个过程的统一，即教师教学过程、学生学习过程以及学生个体思想政治素质提高过程的统一。优化高校思想政治理论课教学过程，就是在优化教师教学过程、学生学习过程的基础上，实现对学生思想政治素质的优化与提升。这丰富了对高校思想政治理论课教学过程及其优化理论内涵的认识。

第二，立足于高校思想政治理论课教学过程的系统，揭示了高校思想政治理论课教学过程优化的机制。高校思想政治理论课教学过程是一个由诸要素、诸环节以一定的方式结合在一起的系统。高校思想政治理论课教学过程的优化，是一个整体性、系统性的改进。该书由高校思想政治理论课教学要素优化入手，分别从共时态与历时态两个维度对高校思想政治理论课教学结构优化进行探讨，从整体与部分相结合、动态与静态相统一的角度，阐释了资源配置优化、过程环节优化、功能耦合优化以及全过程优化的原理，在此基础上揭示了高校思想政治理论课教学过程优化的动力机制、整合机制和保障机制。这形成了高校思想政治理论课教学过程优化的初步理论框架。

第三，立足于高校思想政治理论课教学过程的问题，提出了高校思想政治理论课教学过程优化的路径。新时代以来，以习近平同志为核心的党中央高度重视思想政治理论课建设，出台了一系列重要文件和重大举措，这给高校思想政治理论课教学营造了良好的氛围，提供了强大的支撑。随着高校思想政治理论课教学改革进程的加快推进，迫切需要解决制约教育教学效果提高的瓶颈性因素。优化高校思想政治理论课教学过程，必须针对当前教学过程中所存在的重点、难点、痛点问题，提出有针对性的对策建议。该书不仅把高校思想政治理论课教学过程优化视为一种理想的运行状态和改进机制，而且从理念转变、要素配置、环节衔接等角度提出了具体操作方法。这提供了改进、优化高校思想政治理论课教学过程的实践策略。

对高校思想政治理论课教学过程及其优化这一理论性、实践性、复杂性都很强的问题进行研究，无疑存在着相当大的难度，本书还有较大的拓展、延伸、深化的理论研究空间。

第一，从宏观上拓展与延伸。高校思想政治理论课教学体系与过程是开放的，具有很强的社会性。教师教好思政课，学生学好思政课，还需要党和政府以及社会各方面力量办好思政课。办好思政课也是一个与高校思想政治理论课教学过程紧密相关的问题，甚至本身就构成优化高校思想政治理论课教学过程的重要条件和必要环节。党和政府对高校思想政治理论课教学的顶层设计、领导管理、组织实施，作为一个宏观的过程需要给予关注。另外，当前高校思想政治理论课教学过程的优化问题还应置于大中小学思想政治教育一体化建设、置于思政课程与课程思政同向同行的角度进行审视，从大学教学过程延伸到其他学段教学过程，从思政课程教学过程拓展到其他课程教学过程，探讨前后相接、彼此贯通的机制与原理。

第二，从微观上聚焦与深化。教学优化原理是以把握学生学习规律与学生素质发展规律为前提的。目前对高校思想政治理论课教学过程优化的探讨还存在着一定的粗放性、表面化，如何由表及里、由显入隐，聚焦当代大学生的群体特点、个体特点，聚焦学生成长成才规律，对学生学习接受过程、对学生个体思想政治素质提高过程进行深入研究仍然是一个需要突破的薄弱环节。期待李琰博士能在今后的思想政治理论课教学实践与理论研究中，进一步深化对这些问题的研究，形成持续性、创新性的理论成果。

是为序。

前　　言

　　高校思想政治理论课教学过程既是马克思主义理论教育教学活动的完成过程，又是受教育者思想教育、政治教育、道德教育的实现过程，同时也是个体世界观、人生观、价值观的形成过程。开展高校思想政治理论课教学过程优化研究，无论是对增强高校思想政治理论课教学的实效性，还是提升高校思想政治理论课教学研究的科学性都有着重要的意义。

　　本书首先从高校思想政治理论课教学过程这一研究对象入手，明确了高校思想政治理论课教学过程优化的内涵及特征，并从高校思想政治理论课教学过程、高校思想政治理论课、高校人才培养质量三个方面进一步说明了高校思想政治理论课教学过程优化的意义。接着，本书从要素与结构、目标、机制与原则、路径四大方面对如何进行高校思想政治理论课教学过程优化进行解题。在高校思想政治理论课教学过程优化的要素与结构研究中，本书分别从主体要素、客体要素、介体要素三个维度解析了高校思想政治理论课教学过程优化的要素，从共时结构、历时结构两个维度解析了高校思想政治理论课教学过程优化的结构。这一部分明确了高校思想政治理论课教学过程优化的具体实施对象。在确定高校思想政治理论课教学过程优化的目标上，本书基于整体与部分相结合、动态与静态相统一的研究视角，从要素、环节、功能和整体四大方面去阐释其优化的目标，认为优化的目标包括确保高校思想政治理论课教学过程要素的合理配置、促进高校思想政治理论课教学过程环节的顺畅衔接、实现高校思想政治理论课教学过程的功能耦合、推动高校思想政治理论课教学过程的整体优化。这一部分明确了高校思想政治理论课教学过程优化所要达到的理想状态。在高校思想政治理论课教学过程优化的机制与原则的剖析上，本书认为高校思想政治理论课教学过程优化的机制包括动力机制、整合机制和保障机制。其中动力机制主要关注的是高校思想政治理论课教学过程与社会过程之间的矛盾及高校思想政治课教学过程的内部结构矛盾；整合机制主要关注高校思想政治理论课教师教学过程与学生学习过程之间的相互作用的关系及其互相整合；保障机制则主要探讨保证高校思想政治理论课教学过程内部系统和外部功能稳定并持续改进的运行方式和工作原理。并在此基础上进一步提出了优化的原则，主要包括方向性与科学性相统一的原则、整体性与动态性相统一的原则以及前瞻性与可行性相统一的原则。这一部分明确了高校思想政治理论课教学过程的优化机理。在高校思想政治理论课教学过程优化的路径分析上，本书提出首先要优化高校思想政治理论课教学过程的基本理念，其次要完善高校思想政治理论课教学过程的要素配置，再次要畅通高校思想政治理论课教学过程的环节衔接。这一部分明确了高校思想政治理论课教学过程的具体实施策略。最后，结合当前时代发展和社会发展背景，从整体视角出发，对全书进行了简要总结，并展望了高校思想政治理论课教学过程优化研究的未来发展。

通过对高校思想政治理论课教学过程优化的内涵和意义、要素与结构、目标、机制与原则及路径的系统探究，本书认为，高校思想政治理论课教学过程优化既是一种整体和谐状态，也是一种过程发展目标，又是一种效果提升机制，还是一种具体操作方案。

目 录

第一章 导论 …………………………………………………（1）
    第一节 问题的缘起及研究意义 ……………………………（2）
    第二节 国内外研究现状述评 ………………………………（10）
    第三节 研究思路与研究方法 ………………………………（22）
    第四节 研究重点、难点和创新点 …………………………（24）

第二章 高校思想政治理论课教学过程优化的
          内涵和意义 …………………………………………（27）
    第一节 高校思想政治理论课教学过程的
           内涵及特征 ………………………………………（27）
    第二节 高校思想政治理论课教学过程优化的
           内涵及特征 ………………………………………（54）
    第三节 高校思想政治理论课教学过程优化的
           意义 ………………………………………………（63）

第三章 高校思想政治理论课教学过程优化的
          要素与结构 …………………………………………（69）
    第一节 高校思想政治理论课教学过程优化的
           要素 ………………………………………………（69）

第二节　高校思想政治理论课教学过程优化的
　　　　　　结构……………………………………………（84）

**第四章　高校思想政治理论课教学过程优化的
　　　　　目标**……………………………………………（112）
　　第一节　确保高校思想政治理论课教学过程
　　　　　　要素的合理配置…………………………（113）
　　第二节　促进高校思想政治理论课教学过程
　　　　　　环节的顺畅衔接…………………………（128）
　　第三节　实现高校思想政治理论课教学过程的
　　　　　　功能耦合…………………………………（133）
　　第四节　推动高校思想政治理论课教学过程的
　　　　　　整体优化…………………………………（140）

**第五章　高校思想政治理论课教学过程优化的
　　　　　机制与原则**……………………………………（148）
　　第一节　高校思想政治理论课教学过程
　　　　　　优化的机制………………………………（148）
　　第二节　高校思想政治理论课教学过程
　　　　　　优化的原则………………………………（167）

**第六章　高校思想政治理论课教学过程优化的
　　　　　路径**……………………………………………（178）
　　第一节　优化高校思想政治理论课教学过程的
　　　　　　基本理念…………………………………（178）
　　第二节　完善高校思想政治理论课教学过程的
　　　　　　要素配置…………………………………（183）

第三节 畅通高校思想政治理论课教学过程的
　　　　环节衔接 …………………………………（204）

结　语 ……………………………………………（209）

参考文献 …………………………………………（212）

后　记 ……………………………………………（221）

第一章

导　　论

　　教学过程研究是教学理论研究的基本问题之一；教学过程的优化研究是更好地实现教学目标、提高教学质量的理论支撑和动力源泉。高校思想政治理论课教学是马克思主义理论教育和高校思想政治教育的主要渠道和主要方式，承担着对当代大学生进行系统马克思主义理论教育和思想品德培养的重要任务，发挥着不可替代的作用。思想政治理论课教学过程既是马克思主义理论教育教学活动的完成过程，又是受教育者思想教育、政治教育、道德教育的实现过程，同时也是个体世界观、人生观、价值观的形成过程。高校思想政治理论课教学活动顺利完成意义重大，高校思想政治理论课教学过程优化研究意义重大。党的十八大以来，以习近平同志为核心的党中央高度重视高校思想政治理论课建设，并出台了一系列重要的政策措施。2024年5月11日，习近平总书记对学校思政课建设作出重要指示，新时代新征程上，思政课建设面临新形势新任务，必须有新气象新作为。① 这一系列举措均指引高校思想政治理论课教学过程不断趋向规范化、标准化、精细化发展，即实现思想政治理论课

---

① 《习近平对学校思政课建设作出重要指示强调　不断开创新时代思政教育新局面　努力培养更多让党放心爱国奉献担当民族复兴重任的时代新人》，《人民日报》2024年5月12日第1版。

教学过程的优化。

第一节 问题的缘起及研究意义

一 选题缘起

马克思早在《莱茵报》第 137 号附刊《集权问题》中提出："世界史本身，除了通过提出新问题来解答和处理老问题之外，没有别的方法。"① 他还提出："问题就是公开的、无畏的、左右一切个人的时代声音。问题就是时代的口号，是它表现自己精神状态的最实际的呼声。"② 提出问题需要研究，回答问题更需要研究。问题意识已然成为当下人文社会科学研究的逻辑起点。高校思想政治理论课教学过程优化研究的逻辑出发点同样源于现实问题，既包含理论建构问题，又包含实践应用问题，还包含现代思想政治教育发展的前沿问题。本研究所要论证和回应的问题，正是高校思想政治理论课教学过程如何优化的问题。

（一）思想政治理论课教学发展的时代需求

高校思想政治理论课教学立足于社会发展的客观实际，植根于国际国内新形势对思想政治工作的新要求。教学系统内部要素和外部因素相互联系、相互作用，共同影响着高校思想政治理论课教学作用的发挥。高校思想政治理论课教学作为主渠道、主阵地，势必要紧跟国际国内的变化趋势，回应时代诉求。这是当前理解和研究高校思想政治理论课教学工作的逻辑起点，也是高校思想政治理论课教育教学过程优化研究的时代依据。习近平总书记在 2018 年 6 月中央外事工作会议上对当今时代形势作出了重大战略论断："当前，我国处于近代

---

① 《马克思恩格斯全集》第 40 卷，人民出版社 1982 年版，第 289 页。
② 《马克思恩格斯全集》第 40 卷，人民出版社 1982 年版，第 289—290 页。

以来最好的发展时期,世界处于百年未有之大变局,两者同步交织、相互激荡。"① 这种"激荡"在高校思想政治教育工作方面表现为:社会主义集体主义价值观受到冲击,马克思主义信仰受到价值多元化的威胁。加之,网络新媒体技术的快速发展加剧了西方资本主义国家与社会主义国家之间的意识形态斗争,渗透与反渗透、颠覆与反颠覆的意识形态活动趋势愈演愈烈,高校青年学生价值体系的建构受到严重威胁。思想政治理论课教学主体的发展、过程的优化及效果的实现总是紧密联系在一起的。思想政治理论课作为中国特色社会主义办学的本质表征,肩负着努力培养担当民族复兴大任的时代新人,培养德智体美劳全面发展的社会主义建设者和接班人的重大时代使命。青少年群体正处于世界观、人生观、价值观的形成和发展的重要时期,最需要精心引导和栽培。高校思想政治理论课教学过程的顺利完成,关系到"培养什么样的人、如何培养人以及为谁培养人"② 这个根本问题的解决。思想政治理论课教学过程的优化是思想政治理论课教学的题中应有之义,是引导青少年群体树立正确的世界观、价值观、人生观,理性应对社会转型发展所带来的"精神世界震荡"的重要议题。其次,"在一定意义上说,思想政治教育所针对的实践是时代性的实践,思想政治教育课程所要揭示的也是基于时代实践的教育规律和思想认识规律。"③ 物质生活和精神世界的快速发展给高校思想政治理论课教学的环境带来巨大变革,受教育者本身的理想信念、道德观念、心理状态、价值基础、接受方式都发生诸多变化,呈现出多样化、复杂化的趋势。马克思主义具有与时俱进的理论品质,也必须随

---

① 《习近平在中央外事工作会议上强调 坚持以新时代中国特色社会主义外交思想为指导 努力开创中国特色大国外交新局面》,《人民日报》2018年6月24日第1版。
② 《习近平在全国高校思想政治工作会议上强调 把思想政治工作贯穿教育教学全过程 开创我国高等教育事业发展新局面》,《人民日报》2016年12月9日第1版。
③ 宇文利:《现代思想政治教育课程论》,北京大学出版社2012年版,第329页。

着时代的进步和社会的发展体现时代性、把握规律性。这就对思想政治理论课教学提出了新使命、新要求，要求思想政治理论课教学实践和理论研究体现出时代特色、反映出时代精神，即推进思想政治理论课教学过程优化研究。该研究不仅是对客观现实的理论回应，而且也是高校思想政治理论课教学工作者和研究者面临的时代命题。

（二）深化思想政治理论课教学改革的现实需要

习近平总书记在全国高校思想政治工作会议上指出："要用好课堂教学这个主渠道，思想政治理论课要坚持在改进中加强。"[①] 而整体的、系统的、过程的改革也就是实现教学过程的优化。长期以来，中共中央、国务院一直高度重视思想政治理论课的建设、改革和发展。改革开放四十年来，针对高校思想政治理论课教学实践过程中的新问题、新矛盾，我国进行了数次较大规模的思想政治理论课教学改革，每一次教学改革都给思想政治理论课教学带来了新契机、新发展、新面貌。以《中共中央宣传部、教育部关于进一步加强和改进高等学校思想政治理论课的意见》（以下简称"05方案"）为例，自"05方案"实施以来，思想政治理论课教育教学取得显著成绩，但同时仍然存在一些亟待解决的问题，仍需深入推进思想政治理论课教学改革。中共中央办公厅、国务院办公厅印发的《关于深化新时代学校思想政治理论课改革创新的若干意见》也明确指出，党的十八大以来，思政课建设取得显著成效。但同时也要看到，面对新形势新任务新挑战，仍需继续提高对思政课重要性的认识程度，提升课堂教学效果，推动思政课建设合力的形成。思想政治理论课的教学改革是一个复杂的、整体的系统工程，而高校思想政治理论课教学过程优化要求在教学理念、教学目标、教学内容、教学方法、教学要素与环节、教

[①]《习近平在全国高校思想政治工作会议上强调 把思想政治工作贯穿教育教学全过程 开创我国高等教育事业发展新局面》，《人民日报》2016年12月9日第1版。

学评价等诸多方面进行创新改革，与思想政治理论课教学改革达成一种内在的契合。因此，进一步推进思想政治教育教学改革创新与高校思想政治理论课教学过程的优化发展具有内在的统一性。从某种意义上来说，思想政治理论课教学的改革同思想政治理论课教学的发展基本上是同步调的。因此，推进高校思想政治理论课教学过程优化研究，不仅是推进教学研究科学化进程的需要，同时也是深化思想政治理论课改革创新，提高该课程教学针对性、有效性、实效性和亲和力的现实选择。

（三）高校思想政治理论课教学研究深入发展的理论需求

上好思政课，就是要对思想政治理论课教学有研究、多研究、深研究。教学过程的理论是教学论的基本理论。过程是开展完成思想政治理论课教学的中心环节，对其进行优化研究是提高其科学化水平的重要论域。思想政治理论课教学过程涉及如何把课程内容传输给学生，实现教学内容向学生个体思想道德素质转化等方面的内容。思想政治理论课教学过程不仅涉及知识的建构，而且涉及人的精神世界的建构，它既是一个教学的过程，又是一个思想政治教育的过程，同时也是学生精神世界的建构过程。与其他课程相比，它表现出一定的特殊性和复杂性，需要加强思想政治理论课教学规律的研究，将思想政治理论课程作为一个专门领域进行研究，才能更好地把握该课程教学实践的规律性，提升教育教学的效果。

解决教学问题不能只重视"是否找到了方法？是否得出了结果？"，而应着眼于学生智力参与的过程和质量，着眼于解题探究的体验和感悟，即着眼于获取过程知识。教学过程研究是教学理论研究中的重要议题。任何事物的发展都以过程形态存在，教学也不例外，对其进行优化研究是推进其纵深发展的重要论域。高校思想政治理论课教学研究的科学化是一项系统工作，它包括基本思想的科学化、理论基础的科学化、操作方法的科学化。因此，高校思想政治理论课教学

高校思想政治理论课教学过程优化研究

过程优化首先是一种指导思想上的优化，它是一种从重视结果到重视过程，从关注教师教学过程到关注学生学习过程的现代教育理念，它要求在思想政治理论课教学研究中要遵循高校思想政治工作规律、思想政治教育规律、人的成长发展规律，从而保证指导思想上的科学性。其次是一种理论上的优化。高校思想政治理论课教学过程优化研究是在多学科的理论指导下进行的，多学科的研究视角为思想政治理论课教学研究提供了理论启发，从而保证了教学理论研究的科学化。最后是一种方法论上的优化。在高校思想政治理论课教学过程优化研究中所采用的研究方法，如系统科学、教育学、心理学、发生学等相关理论，为高校思政课教学研究提供多元化的研究视角和方法论支撑，有着重要的借鉴意义。

关注思想政治教育的具体实践活动的完成程度、优化进度是推进思想政治教学研究科学化的重要方面。把握思想政治理论课教学过程的矛盾和规律，既是高校思想政治工作的重要问题，也是思想政治理论课教学研究的重要问题。教学过程的优化研究是一个常谈常新的老话题，在矛盾中发展，在时代中更新，在实践中升华。然而，目前关于该研究主题，尤其是针对高校思想政治理论课教学过程进行的优化研究仍然相对薄弱。相关主题研究如高校思想政治理论课教学法、高校思想政治理论课教学管理、高校思想政治理论课教学模式等，已有相关专著和博士论文选题进行了系统探究，构建了相对完整的研究体系。但是基于该研究基础之上的过程优化研究，目前少有专著和博士论文选题对其进行关注。其次，思想政治理论课教学过程的优化研究是基于系统论、控制论、政治学、社会学、教育学、心理学、传播学等多个学科领域知识的系统整体研究。既有对传统课堂教学的优化研究，又兼顾网络思想政治教育、日常思想政治教育等论域。整体观照思想政治理论课、思想政治教育的实际发展，一方面可以推动思想政治理论课教学过程的精细化发展，另一方面可以为推动思想政治教育科学化发展打牢前提基础。

二　研究意义

恩格斯指出："一个伟大的基本思想，即认为世界不是既成事物的集合体，而是过程的集合体。"① "在过程中，可以形成一种推动过程的逻辑……从过程中我们可以看到事物的要素、事物的结构、事物的功能等是如何产生的。对很多现象的解释，只能在一种动态的实践过程中去寻找。"② 高校思想政治理论课教学过程理论是思想政治理论课教学研究的基本问题，它是对教学实践活动的理论总结，是支撑教学实践活动的理论根基。"过程"理论的探讨能够推动学界更加清晰地认识高校思想政治理论课教学过程的内在结构、运行机理以及背后的矛盾和规律等深层次问题，从而发展并超越现有的理论和实践。因此，高校思想政治理论课教学过程优化研究具有重要的理论意义和实践意义。

（一）理论意义

一是丰富思想政治理论课教学研究的理论体系。高校思想政治理论课教学过程的优化，从表面上看是为了建构高效的思想政治理论课堂，重点实现有效教学和有效学习。但事实上思想政治理论课教学过程，绝对不是简单地把教学内容装入学生的头脑中，学生记住并复述就完成了，它是一项复杂艰巨的系统工程，需要基本理论体系的优化发展为其提供科学理论依据。因此，思想政治理论课教学过程优化研究可以进一步深化教学研究，丰富思想政治理论课教学理论体系。

二是创新高校思想政治理论课教学过程的研究思路、拓宽该课程

---

① 《马克思恩格斯选集》第4卷，人民出版社2012年版，第250页。
② 刘烨：《现代思想政治教育过程研究》，中国社会科学出版社2009年版，第1页。

教学的研究论域。当前，运用复杂性思维方式去探究教学过程的研究趋势愈益明显。生成性思维、反思性思维、合作性思维的基本思路为创新思想政治理论课教学研究带来了理论借鉴和参考，提供了新的研究视角。新视域下观照思想政治理论课教学研究有利于拓宽该课程教学的研究论域，挖掘出新的研究课题。本研究区别于以往多数研究把高校思想政治理论课教学作为对象，将研究对象聚焦于高校思想政治理论课教学过程的优化研究上，从整体着眼，从系统观照，将研究视角聚焦于教学过程的整体优化，注重整体视角下高校思想政治理论课教学过程的优化研究，在关注横向研究的同时也关注到了纵向发展，拓宽其研究视野，拓展了高校思想政治理论课教学过程的研究论域。

三是为高校思想政治理论课有效"教"和有效"学"提供理论参照。优化研究改变了以往研究的具象化、碎片化，提高了研究的理论性、整体性，为思想政治理论课教学活动的开展提供理论指导、行动纲领，进而推动这一教学活动科学化水平的提升，有益于推进高校思想政治理论课教学从"结论教学"转向"过程教学"。

(二) 实践意义

第一，有利于提高思想政治理论课教学的针对性、实效性、有效性和亲和力，解决当前思想政治教学工作的重点和难点。过程优化从整体高度对高校思想政治教育教学这一活动进行研究，对施教者、受教者的积极性和行为效果进一步明晰，有助于思想政治教育教学工作者进一步调动受教育者的内在积极性和主动性，为教学的组织、管理、实施提供指导和助力，推动高校思想政治理论课教学思想转换，进而有效达到预期的教学目标。

第二，有利于全面审视高校思想政治教学过程运行的阶段与环节。高校思想政治理论课教学过程优化研究遵循问题逻辑来进行探讨。"过程视角"下观照高校思想政治理论课教学，客观分析思想政治教学过程的各阶段环节，及时发现并应对高校思想政治理论课教学过程中的运行流程衔接问题,为思想政治理论课教学过程优化研究提供导引和方向。

第三,有利于更好地实现高校思想政治理论课"过程教学"。"过程教学"和"结论教学"作为一种教学现象早已存在,在现代教学理论中被视为教学指导思想。如果说"结论教学"是指现成知识结论的传授和灌输,那么"过程教学"就是指知识发生、发展过程和学生学习过程的引导和训练。过程教学主要是针对传统教学过程中的生硬式、机械式灌输现象,目的是引导学生的心理状态由被动消极转向主动积极。学生可以在教师指导的基础上,参与获取知识的全过程,使学生不仅获取知识,而且学会思考问题的方法,从而真正实现"教是为了不需要教"的目的。当前的高校思想政治理论课教学过程中,重结果轻过程的现象仍然十分常见,过程常常消失在结论上,这与教学思想和教学实践的片面性有关。轻过程重结果,往往导致学生更多地重视在思政课考前的重点突击,关注对其自身的考研、出国等事宜的影响。当前,成绩导向、结果导向突出已经成为高校思想政治理论课教学过程中的一个弊端,往往会导致高校思想政治理论课教学过程消失在结论上,出现死记硬背,忽视知识、符号和实际事物的联系甚至高分低能的现象。

习近平总书记在全国高校思想政治工作会议上强调:"要坚持把立德树人作为中心环节,把思想政治工作贯穿教育教学全过程,实现全程育人、全方位育人。"[①] 虽然这里的"全程"是宏观层面上的意义,指的是学生入学到毕业的全过程、全时段覆盖,但是在高校思想政治理论课教学中同样是适用的。任何活动都是起因、经过和结果相统一的过程,经历着发生、发展到完成的过程,高校思想政治理论课

---

① 《习近平在全国高校思想政治工作会议上强调 把思想政治工作贯穿教育教学全过程 开创我国高等教育事业发展新局面》,《人民日报》2016年12月9日第1版。

教学过程和学习过程也不例外。高校思想政治理论课教学过程是教师向学生传授马克思主义基本理论、中国特色社会主义理论体系、中国近现代社会的历史发展以及思想道德与法律要求等基本知识和方法论的过程；高校思想政治理论课学习过程是学生学习获得知识、形成社会主义道德品质的过程。如果说，高校思想政治理论课结论教学主要关注大学生学习到了什么，那么高校思想政治理论课过程教学更加关注受教育者如何学习。结果的实现必须要以过程为前提和依托，所以高校思想政治理论课的教学过程是高校思想政治理论课教学的中心环节。高校思想政治理论课教学过程优化着眼引导，着眼会学，以高校思想政治理论课教学过程作为研究对象，全面剖析高校思想政治理论课教学过程中的主客体关系，正确把握和处理该课程教学的原则和内容，为高校思想政治理论课教学过程的顺利开展提供理论基础和实践前提。因此，思想政治理论课教学过程优化研究理应成为关注的焦点问题之一。

第二节　国内外研究现状述评

高校思想政治理论课教学过程，特别是其自身的优化问题，是思想政治理论课教学研究关注的重中之重。进入新时代，思想政治理论课教学研究成为热门话题。致力于推进思想政治理论课教学实践和理论发展，学者们从多个角度、多种思路进行探讨，形成了丰富的研究成果。但是，就笔者目前掌握的资料来看，直接对优化问题进行关注，并形成的研究成果相对较少。或是以思想政治理论课教学过程作为研究的基础理论、贯穿线索；或是基于某种理论，从某一个角度、某一种思路着手去分析思想政治理论课教学过程。在著作方面，多数研究只是作为特定章节或者专题来进行论述，而以专著形式对思想政治理论课教学过程进行系统性、全局性的研究相对较少。在已有关于

"优化"的研究成果中，对"优化"这一概念进行明确界定的成果十分少见，学者们多是将其看成一个约定俗成、人所共知的默认概念去运用，进而展开对优化路径的探索。且这种路径的探索并非整体的、全面的，多是针对几个具体的问题来谈。这样的研究只能是局部的、浅层次的、重复性质的。① 系统的、整体的、完整的对思想政治理论课教学过程优化的研究成果是相对较少的。具体研究概况如下：

一 国内研究现状

（一）教学过程优化研究

通过文献梳理，笔者发现国内对教学过程的优化研究主要集中在 20 世纪末，学者们致力于教学过程的最优化进行深入研究，研究概况如下：项志康在《试论课堂教学的优化》中，认为课堂教学的优化主要是通过对课堂教学系统的因素、课堂教学过程的成分、课堂教学过程的管理来开展的。② 张舒予在《"教学过程最优化"概念辨析》中基于结果维度，对尤·克·巴班斯基教学过程关于教学过程最优化的定义持反对意见，认为衡量教学过程最优化的标准是教学质量与教学效果，即认为教学过程最优化的关键因素在于提高教学质量，取得最佳教学效果。③ 李自强在《耗散结构理论与教学过程优化》中厘清了实现教学过程最优化的几个问题，即新的科学理论、科学技术和社会环境对教学的影响；教学系统全面开放；教育者、受教育者、教学媒体三者之间应自行主动地开展自我组织；教学相长；以及通过吸收环境物质、能量和信息时注重自身量的积累来促成质变。④ 王家瑾在

---

① 房玫、汤俪瑾、黄金满：《思想政治理论课教学过程的优化》，安徽师范大学出版社 2018 年版，第 50 页。
② 项志康：《试论课堂教学的优化》，《上海教育科研》1990 年第 2 期。
③ 张舒予：《"教学过程最优化"概念辨析》，《外语电化教学》1992 年第 3 期。
④ 李自强：《耗散结构理论与教学过程优化》，《中国电化教育》1996 年第 12 期。

高校思想政治理论课教学过程优化研究

《从教与学的互动看优化教学的设计与实践》中认为，教学过程优化的目标追求的是教学系统的整体效应。其关注的重点在于强化教师在教学过程中的主导作用以及学生主体作用。①邢真在《教学过程的优化特征》中将教学过程的优化特征概括为五个方面：一是教学目标的全面性；二是教学氛围的情境性；三是教学活动的节奏性；四是教学信息的多端性；五是教学反馈的及时性。②李国辰在《"双主"教学优化模式》中，提出"双主"教学优化的模式有教为主导模式、学为主体模式、"双主"和谐统一模式。③进入21世纪以来，随着基础教育课程改革的不断推进，教学过程的优化研究呈现出从整体性研究向具体学科、具体学段教学过程的优化研究上转变的趋势。

(二) 相关学科教学过程优化研究

近年来，学科教学和分段教学领域的教学过程优化研究也取得了诸多成果，多学科、多视角研究成为教学过程优化研究的常态。如谢贤阳的《语文课堂教学优化研究》，赵中艳的《语文教学过程的优化研究》，隋晓兵的《英语教学过程的优化》，胡超的《体育地理教学过程的优化》，曹洪昌的《化学教学最优化研究》，等等。学者们基于不同学科的"常式"和"变式"，结合本学科教学过程当中的教学问题，从动态和静态视角对本学科教学过程的性质、特征、矛盾、本质及规律进行分析探究，针对本学科教学过程当中的问题提出了不同的优化策略。虽然这些研究仍然存在着诸多问题，如"教学论研究表面是在自说自话，严格的讲，这种处处可见的'自说自话'其实是在说别人的话，我们没有自己的话语系统"④，但同时各个学科从不同

---

① 王家瑾：《从教与学的互动看优化教学的设计与实践》，《教育研究》1997年第1期。
② 邢真：《教学过程优化的基本特征》，《中国教育学刊》1998年第6期。
③ 李国辰：《"双主"教学优化模式》，《北京大学学报（外国语言文学专刊）》1999年第S1期。
④ 石鸥：《新世纪拒斥这样的教学论——主流教学论困境的根源及其走出》，《湖南师范大学教育科学学报》2002年第1期。

角度渗透到优化研究中，既为思想政治理论课教学过程的优化研究注入了新的活力，又丰富和扩大了高校思想政治理论课教学过程优化的研究视角和内容。

（三）思想政治理论课教学过程优化研究

第一，思想政治理论课教学过程的研究。对思想政治理论课教学过程的优化进行研究，自然离不开对思想政治理论课教学过程的研究。思想政治理论课教学过程的研究视角、基本概念、构成要素、运行环节、本质规律等基本理论问题的逐步廓清，为思想政治理论课教学过程优化研究提供了研究基础与前提。石云霞在《高校思想政治理论课程建设史研究》中从静态视角和动态视角出发，对思想政治理论课教学过程的个别本质和一般本质、教学模式、主体与客体、认识和实践的基本矛盾进行了较为全面的研究。[1] 刘吉发等在《高校思想政治理论课教学方法论：10余种教学方法的设计与实践》中对思想政治理论课教学过程的含义及环节、基本要素及相互作用、特征进行了探讨。[2] 宋成剑在《思想政治理论课教学趣味论》中将研究的关注点主要放置于教学的微观过程，指出思想政治理论课教学活动的具体展开就是思想政治理论课教学过程。就具体的某一课程来说，从课程教学开始到结束，可称为教学过程。就具体的某一堂课来说，课堂教学开始到课堂教学结束亦可称为教学过程。[3] 唐世刚、杨江民在《高校思想政治理论课教学理论与实践创新研究》中着重从大学生的主体视角来分析思想政治理论课教学过程，指出高校思想政治理论课教学过

---

[1] 石云霞：《高校思想政治理论课程建设史研究》，武汉大学出版社2006年版，第274—312页。

[2] 刘吉发、刘强等：《高校思想政治理论课教学方法论：10余种教学方法的设计与实践》，西北大学出版社2009年版，第66—73页。

[3] 刘景泉总主编，宋成剑著：《思想政治理论课教学趣味论》，南开大学出版社2013年版，第74页。

程是知识传授和个体德育相结合的过程。①丁国浩在《问题意识导向下的高校思想政治理论课教学研究》中基于问题意识，认为高校思想政治理论课的教学过程是一种具有特殊性的认识实践活动，是教师的"教"与学生的"学"之间相互结合、相互作用和相互统一的过程。②余双好在《思想政治理论课程教学法探析》中指出思想政治理论课教学过程本身是比一般课程教学更为复杂的过程，包括多个不同过程的相互作用，它既是一个教学过程，又是一个思想政治教育过程，更是一个大学生将思想政治理论"内化于心，外化于行"的过程。并从思想政治理论课课堂教学过程、思想政治理论课程的教育教学过程和思想政治理论课教学过程的基本规律三大方面对思想政治理论课教学过程进行了全面剖析。③王能东在《高校思想政治理论课教学论》中从高校思想政治理论课教学行为与课型、教学过程的结构及其内部关系、教学过程的基本特性等方面对高校思想政治理论课教学过程作了较为全面、详细的探讨。④何孟飞在《新时代高校思想政治理论教学研究》中对高校思想政治理论课教学过程的本质、环节进行了概述，并在此基础上对高校思想政治理论课教学过程的优化作了进一步探讨。⑤

第二，思想政治理论课教学过程优化研究。在专著方面，石云霞明确指出整体优化规律是它的基本规律之一，只有从教学过程的要素优

---

① 唐世刚、杨江民：《高校思想政治理论课教学理论与实践创新研究》，重庆出版集团、重庆出版社2015年版，第69页。
② 丁国浩：《问题意识导向下的高校思想政治理论课教学研究》，浙江大学出版社2017年版，第123页。
③ 余双好：《思想政治理论课程教学法探析》，中国人民大学出版社2018年版，第189—230页。
④ 王能东：《高校思想政治理论课教学论》，人民日报出版社2017年版，第61—90页。
⑤ 何孟飞：《新时代高校思想政治理论教学研究》，厦门大学出版社2018年版，第103—129页。

化、教学过程的结构和功能优化，教学过程的标准优化等方面对思想政治理论课教学过程进行整体优化，才能真正提高教学质量，圆满完成教学任务，促进学生健康、全面的成长。① 房玫等以思想政治理论课教学方法创新研究为主题，基于主体角度从理论和实践的角度探讨了思想政治理论课的教学理念、教学方法、教学模式等的优化创新问题，把高校思想政治理论课教学过程的优化划分为教学的出发点优化、着力点的优化、着重点的优化及落脚点的优化。② 何孟飞以尤·克·巴班斯基"教学过程最优化"理论为借鉴，认为高校思想政治理论课教学过程的优化包含五个方面：首先要遵循教学规律，其次要考虑教学条件，再次要选择教学方案，接着需要进行调控活动，最后是获得效果。③

在期刊论文方面，直接以思想政治理论课教学过程优化为题的研究相对较少，但仔细梳理分析，关于高校思想政治理论课教学研究的成果丰硕，笔者这里着重对思想政治理论课教学过程优化相关的理论成果加以综述，以提高研究的针对性。依据研究视角的不同，分别从整体优化研究、具体优化研究两个方面来探讨。

其一，思想政治理论课教学过程的整体优化研究。高静毅认为优化高校思想政治理论课教学过程，需要从教学理念、行为规范、责任制度以及师生双方的参与状态等要素来推动高校思想政治理论课教学过程的优化。④ 黄建军基于高等教育内涵式发展的要求，认为高校思想政治理论课教学过程优化的动力主要源于其内部要素优化和结构变革。实现优化需要调整高校思想政治理论课的课程结构、教师结构、

---

① 石云霞：《高校思想政治理论课程建设史研究》，武汉大学出版社2006年版，第291—297页。
② 房玫、汤俪瑾、黄金满：《思想政治理论课教学过程的优化》，安徽师范大学出版社2018年版，第14页。
③ 何孟飞：《新时代高校思想政治理论教学研究》，厦门大学出版社2018年版，第119页。
④ 高静毅：《优化高校思想政治理论课教学的过程性要素》，《高校辅导员》2021年第1期。

高校思想政治理论课教学过程优化研究

教材结构等，以实现高校思想政治理论课教学过程各环节、各要素、各系统的结构调整和有效衔接，推动高校思想政治理论课教学过程内在潜力的发挥。①赵庆寺探讨了"互联网＋"时代背景下思想政治理论课教学过程的变化，提出了要从教学理念、教学平台、学习方法、管理评价、师资培训等方面对思想政治理论课教学过程进行重构与优化，形成"互联网＋"时代高校思想政治理论课教学的新范式。②李博豪、王海涛同样以信息化时代高校思想政治理论课教学模式的新变化为基点，关注了高校思想政治理论课学习过程评价及其优化研究，认为要从技术手段革新、过程评价设置、受教育者积极性、主动性的调动等方面，推动思想政治理论课学习过程的优化，以不断提升大学生过程的获得感。③王金崇、李皓宇将思想政治理论课教学方法置于教学过程的全局中进行探讨，认为要优化思想政治理论课教学过程中的教学主体、教学客体、课程内容、教学方法等要素。④赵欣基于尤·克·巴班斯基教学过程最优化理论，认为提高高校思想政治理论课教学过程的有效性首先要准确把握学生的学习起点，其次要系统设计教学过程以充分发挥教学要素的整体功能，再次要加强教学时间管理以提高教学效率，最后要正确处理教与学的关系以优化教学环境。⑤

其二，思想政治理论课教学过程的具体优化探究。思想政治理论

---

① 黄建军：《高校思想政治理论课内涵式发展的模式探索》，《中国高等教育》2019年第11期。

② 赵庆寺：《"互联网＋"时代高校思想政治理论课的优化路径》，《思想理论教育》2017年第4期。

③ 李博豪、王海涛：《高校思想政治理论课学习过程评价及其优化》，《学校党建与思想教育》2019年第23期。

④ 王金崇、李皓宇：《思想政治理论课教学方法的反思与优化》，《黑龙江高教研究》2015年第12期。

⑤ 赵欣：《巴班斯基教学过程最优化理论对提高思想政治理论课教学有效性的启示》，《学校党建与思想教育》2012年第26期。

课微观教学过程主要是指课堂教学过程。它发生在课堂领域内,是高校思想政治理论课教学过程的基础部分与核心部分。付晓容基于实证研究,认为影响课堂教学过程的基本因素有教育者、受教育者、教学内容、教学方法,并主张从教师亲和力、学生获得感和认同感、课堂教学环境等方面入手来提高高校思想政治理论课课堂教学的抬头率,即优化思想政治理论课课堂教学过程。① 柳礼泉、杨葵、汤素娥指出从主体要素、内容要素、方法要素三个角度去建构思想政治理论课高效课堂。即提高教育者的亲和力、增强教学内容的吸引力、提高运用教学方法的灵活性。即要从主体、内容、方法三个维度去建构高效思想政治理论课教学课堂。② 潘杨福、李款、徐杰则着重探讨教学过程中的环节阶段,主张以教观学和以学观教相结合,切片分析和综合考量相结合,认为需要通过优化教师的"教"来优化学生的"学",进而提升高校思想政治理论课课堂教学实效。③ 刘兴璀主要关注高校思想政治理论课教学过程中的课堂话语质量,认为优化课堂教学过程中的话语质量要从教学自话语体系、学生自话语体系、师生间对话体系以及生生间对话体系四个方面来开展。④ 王鲁娜认为实践教学过程区别于课堂教学过程,发生在课堂教学之外,如学校、院系、社会等环境中。高校思想政治理论课实践教学过程是与课堂教学过程相辅相成、相互作用、辩证统一的。实践教学过程的改革与优化要遵循该课程的特点、受教育者的认知特点和行为特点等,对实践教学的基本形

---

① 付晓容:《大学生思想政治理论课抬头率提升探究》,《思想理论教育导刊》2018年第4期。
② 柳礼泉、杨葵、汤素娥:《思想政治理论课高效课堂的建构维度》,《思想理论教育导刊》2018年第12期。
③ 潘杨福、李款、徐杰:《教学切片分析:高校思想政治理论课课堂教学优化新范式》,《思想教育研究》2018年第4期。
④ 刘兴璀:《高校思想政治理论课课堂话语交往质量研究》,《思想政治教育研究》2018年第1期。

式、运作体系、评价体系等要素进行改革，以增强实践教学的针对性和实效性。[1] 张慎霞、穆文潇、朱艳红基于"大思政课"理念，把思想政治教育贯穿大学生生活、学习全过程，认为要从三个方面去优化思想政治理论课实践教学过程：一要优化整合实践教学资源；二要制定作为独立设置的思想政治理论实践课程的基本规范；三要建立起思政课实践教学运行的系列保障制度。[2] 洪晓畅、毛玲朋认为要推动社会实践活动与思想政治理论课的协同优化，需要从目标协同、内容资源协同、机制协同等方面来进行。[3]

二　国外研究现状

国外关于教学过程的研究成果丰硕。第二次世界大战以后，国外影响较大的教学过程理论派别主要有：赞科夫的"一般发展"教学模式、尤·克·巴班斯基的"整体最优化"教学模式、布鲁纳的"发现教学"模式以及罗杰斯的"非指导"教学模式。各教学过程理论在发展中逐渐呈现出相互融合的趋势，这种相互融合随着实践的深入和研究方法论的完善得以最终完成，出现了系统化研究倾向。系统优化观逐渐成为教学过程阶段研究的共识。它是一种较为全面的研究模式，综合考虑教学过程内部要素与外部要素。其中最具影响力的是尤·克·巴班斯基的教学过程最优化理论。20 世纪 70 年代初期，为了克服学生普遍存在的留级、学习成绩不佳的现象，苏联教育家尤·克·巴班斯基提出要对学校教学进行整体优化。巴班斯基从辩证的系统结构论出发，试图运用现代系统论、控制论的基本原则和方法来分

---

[1] 王鲁娜：《思想政治理论课多元化、阶梯式实践教学模式的探索与构建》，《北京教育（德育）》2019 年第 Z1 期。

[2] 张慎霞、穆文潇、朱艳红：《"四个全面"战略布局融入思想政治理论课教学研究与实践——以山东理工大学为例》，《职业技术教育》2019 年第 11 期。

[3] 洪晓畅、毛玲朋：《高校思想政治理论课与社会实践活动的协同优化研究》，《思想理论教育导刊》2020 年第 10 期。

析教学过程，从系统的视角对教学过程进行整体考察，综合研究整体与部分、部分与部分、整体与外部环境之间的相互关系。教学过程最优化不是一种特殊的教学方法或教学手段，而是科学地指导教学、合理地组织教学过程的方法论原则；它是在综合考虑教学规律、教学原则、教学任务、教学形式和方法、教学系统特征及内外部条件的基础上，对教学过程做出的一种具有明确目的和详细规划的教学安排，其目的是实现教师对教学过程的科学掌控，以在特定时间内、特定标准下获得最大教学效果，发挥最优作用。

该理论给予高校思想政治理论课教学过程优化以启示与参考。其一，从研究视角来看，对高校思想政治理论课教学过程优化研究具有重要的方法论意义。这一理论将系统方法作为教学论研究的理论基础，区别于传统教育学，该理论将教学过程看成一个完整系统，在研究教学过程中主张教学过程要克服片面性，不能机械地、固定地使用一种教学方法，要坚持全面观点，灵活运用各种方法和教学模式，动态分析教学过程中的各个环节和要素，选择一定条件下教学过程的最优结构。巴班斯基基于马克思主义的劳动过程原理，指出教学过程是一个由教学目的和任务、教学内容、教学方法、教学组织形式和教学结果构成的完整系统，必须对其有机联系展开研究。教学过程内含"教"和"学"两个组成要素，二者不是机械的组合，而是一种本质上完全新的、具有整体性的现象，两者有机组合构成教学过程的整体。其二，从确定优化的关键变量来看，它具有重要的参考意义。尤·克·巴班斯基指出教学过程的最优化实际上就是实现教学结构的最优化，而教学结构是由教师、学生、教学条件三个方面的要素构成的，其中教育者和受教育者是其核心构成要素。教师要在全面了解所有要素的基础上，善于选择对当前条件最为有利的教学过程结构；学生的"实际可能性"是教学过程优化的基础前提，是保证教学过程科学性、合理性的关键变量。教师要不断研究学生并积累相关资料，得出一些有根据的判断和鉴定，从而采取不同的教学手段，他把这种对学生的研究定义为"教育会诊"，指出系统地研究学生可以保证教学结果的最优化，充分考虑学生的年龄特征。其三，从优化的原则来看，对高校思想政治理论课教学过程优化具有规定性意义和建设性意义。尤·克·巴班斯基教学过程最优化理论强调教学目标在教养、教育与发展三个方面的统一，这在某种程度上同高校思想政治理论课教学过程的目标有着内在的统一性，为确立高校思想政治理论课教学过程目标体系和内容体系的优化提供了理论性支持。除此之外，尤·克·巴班斯基在优化的规律、优化的标准、优化的方法上都做了全面系统的论述，对本研究有着重要的理论启示。

此外，日本知名学者广冈亮藏和苏联教育学家列尔涅尔对此也有相关论述。

广冈亮藏面对战后初期教学过程理论与实践错综复杂的局面，分析其原因是教学过程中存在着种种变量，教学过程（导入—展开—终结）的优化是多变函数的关系。Y、X1、X2、X3 分别代表教学、目标、教材、学生等自变量，它们之间的函数关系可以表示为 $Y = f(X_1, X_2, X_3, \cdots)$。对于这些教学变量，侧重不同，就会产生种种不同的教学过程论。依据主要变量（学习者、教材、教学目标）进行基本教学过程（导入—展开—终结）的优化，有两种方法：一种是根据各级变量的最优化，这是简单的优化方法；另一种是根据变量的复合体，即变量系统的最优化，这是复杂的最优化方法。①

苏联教育学家列尔涅尔从对教学过程逻辑与学科逻辑的联系与区别出发，对现代教学过程的内涵、教学组织的组织途径进行探究。即

---

① 钟启泉：《教学最优化研究入门（代结束语）最优化教学模式的探索——广冈亮藏的教学最优化思想》，《外国教育资料》1986 年第 2 期。

向受教育者表明教学目的，组织受教育者参与其中，实现信息再现，透彻理解知识。在问题的解决过程中，与学生内在的知识和技能形成互动，并进一步获取新认知，形成新能力。① 除此之外，奥戈罗德尼科夫等指出教学过程最优化的着力点是不同教学方法的结合情况。② 季亚钦科等从心理学视角出发，认为最优化的问题是选择受控过程的方案问题，同教学认识目的和信息的加工紧密相关，方案是否最有效决定是否最优化。③ 伊利英娜则认为教学过程最优化与否取决于同系统建立的预设目的的匹配程度，这种最优化受限于条件限制。④

三　总体评价

从上述分析中可以发现，教学过程优化研究历程呈现出以下趋势：一是多学科整合研究趋向明显；二是关注受教育者主体性，反对传统的道德灌输的呼声日益提高；三是思维方式更加科学化，更加注重对系统论、控制论、全息论、协同论、心理学、社会学等理论范式的综合运用；四是研究视角呈现出宏观概括和微观分析相结合的趋势，如关注以"情感"为媒介建立师生之间完整的人际关系。从某种程度上讲，基于某一种或某几种理论展开的优化研究，往往具有具体性、指涉性和限定性，不可能应用于这一论域内的任何问题，但这种探索却可以为后来的研究提供理论指导、研究参考和具体选择，并能够阐释应然走向。对于高校思想政治理论课教学过程优化而言，当

---

① ［苏］И. Я. 列尔涅尔：《现代教学过程的理论及其对实践的意义》，于桂林译，《外国教育资料》1990年第5期。

② ［苏］奥戈罗德尼科夫教授、史姆比辽夫教授合著：《教育学》（修订本），高晶齐译，正风出版社1953年版，第133—137页。

③ ［苏］尤·克·巴班斯基：《教学过程最优化——一般教学论方面》，张定璋等译，人民教育出版社2007年版，第55页。

④ ［苏］尤·克·巴班斯基：《教学过程最优化——一般教学论方面》，张定璋等译，人民教育出版社2007年版，第55页。

前的研究仍然较为单薄,这也是决策者、研究者、实施者需要进一步关注的重要问题。事实上,强化对高校思想政治理论课教学过程的研究,特别是对其优化问题加以系统、深入研究,具有重要的理论意义和实践意义。这也是笔者以此为选题的主要初衷和责任所在。

第三节 研究思路与研究方法

一 研究思路

本书以高校思想政治理论课教学过程的优化为中心,遵循何为高校思想政治理论课教学过程优化,为何要进行高校思想政治理论课教学过程优化,如何进行高校思想政治理论课教学过程优化的研究思路,把高校思想政治理论课教学过程作为一个特定的研究对象,探讨其内涵、特征及规律,并在此基础上对高校思想政治理论课教学过程优化问题进行逐层剖析,对高校思想政治理论课教学过程优化研究作出了较为全面的透视。

本书包括导论在内,总共分为六章。

第一章为导论部分,主要阐释了选题的背景及研究意义。目的在于了解近年来国内外关于高校思想政治理论课教学过程的研究现状,并在此基础上进行综合分析,为后续研究提供理论支撑和启示;另外,简述了研究的思路方法、研究的创新点和不足之处。

第二章主要探讨了高校思想政治理论课教学过程优化的内涵和意义。首先,从高校思想政治理论课教学过程的内涵及其特殊性入手,明确了这一研究对象。其次,对高校思想政治理论课教学过程优化的内涵进行了界定,阐释了高校思想政治理论课教学过程优化的概念和特征。最后,分别从高校思想政治理论课教学过程、高校思想政治理论课、高校人才培养质量方面对高校思想政治理论课教学过程的意义进行了解读。

第三章主要探讨了高校思想政治理论课教学过程优化的要素与结构。本章主要从要素和结构两部分阐释高校思想政治理论课教学过程优化的具体对象，澄清了优化的主体要素、客体要素、介体要素以及优化的共时结构和历时结构。

第四章主要探讨了高校思想政治理论课教学过程优化的目标。分别从要素维度、环节维度、功能维度、整体维度论述了优化的目标。首先明晰了高校思想政治理论课教学过程要素优化的目标；其次阐明了高校思想政治理论课教学过程环节优化的目标；再次探讨了高校思想政治理论课教学过程功能优化的目标；最后探讨了高校思想政治理论课教学过程优化的整体目标。

第五章主要探讨了高校思想政治理论课教学过程优化的机制与原则。分析了高校思想政治理论课教学过程的动力机制、整合机制和保障机制；论述了优化的基本原则，即方向性与科学性相统一的原则、整体性与动态性相统一的原则以及前瞻性与可行性相统一的原则。

第六章主要探讨了高校思想政治理论课教学过程优化的路径。此部分是基于前文的分析提出的具体优化策略。首先要优化高校思想政治理论课教学过程的理念，其次要完善高校思想政治理论课教学过程的要素配置，最后要畅通高校思想政治理论课教学过程的环节衔接。

二 研究方法

第一，文献研究法。马克思在论述一般劳动和共同劳动时指出："一般劳动是一切科学劳动，一切发现，一切发明。它部分地以今人的协作为条件，部分地又以对前人劳动的利用为条件。"[①] 这一原理同样适用于科学研究。文献研究法是人文社会科学研究的基础方法，是把握研究动态，支持、论证、深化相关研究的重要途径。高校思想

---

① 《马克思恩格斯文集》第7卷，人民出版社2009年版，第119页。

政治理论课教学过程优化研究同样需要继承和借鉴已有研究成果，以把握研究动态，形成对高校思想政治理论课教学过程优化的科学认知。因此，在本研究中，笔者尽可能查找、收集、整理、吸收高校思想政治理论课教学过程优化研究的相关教育文件、研究文献以及文本资料等，以夯实高校思想政治理论课教学过程优化理论基础。文献研究法是本书的基础方法，特别是在对概念内涵的界定、高校思想政治理论课教学过程目标的分析部分，结合了大量的教育文件、专著和期刊文章，以提高研究的准确性与科学性。

第二，系统分析研究法。系统分析方法是对系统整体的要素、结构、功能及其相互关系进行考察的方法。系统分析方法的意义不仅在于认识系统的特点和规律，还在于利用这些特点和规律去影响和改进系统，即实现系统优化，促进系统发挥较好的功能。高校思想政治理论课教学过程是一个有机整体，运用系统科学的方法去探讨高校思想政治理论课教学过程优化问题，把握高校思想政治理论课教学过程中整体与要素、要素与要素、系统与环境间的彼此关联，掌握它的整体性、关联性和动态性，以得到本研究的最优处理和解决方法。

第三，学科交叉研究法。高校思想政治理论课教学过程研究涉及思想政治教育、教育学、系统学、心理学等多个学科。只有充分借鉴并融会贯通多学科的研究方法，运用跨学科的研究视野来全面阐释高校思想政治理论课教学过程优化的实质，才能提高本研究的科学性。

第四节 研究重点、难点和创新点

一 研究的重点

其一，关注整体视野下高校思想政治理论课教学过程的优化，既要关注高校思想政治理论课微观教学过程又要关注高校思想政治理论课教学过程的宏观教学过程，以尽可能从系统、整体的角度全面观照高校思想政治理论课教学过程的优化。

其二，进一步明晰高校思想政治理论课教学过程中的基本理论问题和实践问题，在明晰研究思路的基础上探究高校思想政治理论课教学过程优化的目标、机制与原则，并提出具体的优化路径。

二 研究的难点

其一，高校思想政治理论课教学过程是一个变化的动态运行过程，对其进行把握有一定难度；实现高校思想政治理论课教学过程优化是需要在包罗万象的过程当中梳理出一个相对清晰的研究维度，需要深厚的理论功底作支撑，也有一定的难度。

其二，笔者在思想政治理论课教学实践方面，教学经验仅限于博士阶段一年的助教经验和入职之后两年的教学经历，相对比较缺乏，对高校思想政治理论课教学过程的解读更多只能以间接经验的方式进行，同时这一过程又是静态过程和动态过程、理论过程和实践过程的集合体，要对其进行优化探究，难免会存在把握不全面的现象。

三 研究的创新点

其一，本书在研究选题上有一定的创新。当前学界关于高校思想政治理论课教学过程的研究较少涉足，基于过程研究视角，以高校思想政治理论课教学过程为研究对象进行优化探究更是少之又少。本书以高校思想政治理论课教学过程为研究对象进行优化探究，在一定程度上有利于弥补高校思想政治理论课教学过程优化研究的欠缺。因此，本研究在选题上具有一定的创新意义。

其二，本书在研究视角和研究观点上有一定的创新。研究同时关注到了高校思想政治理论课微观教学过程和宏观教学过程，探究了高校思想政治理论课教学过程的要素结构优化、阶段环节优化、功能优化及整体优化，并提出了一些具有创新性的观点。例如，本研究认为

高校思想政治理论课教学过程优化研究

高校思想政治理论课教学过程优化既是一种整体和谐状态，也是一种过程发展目标，又是一种探究高校思想政治理论课教学过程效果提升机制，还是一种具体操作方案。又如，本研究认为高校思想政治理论课教学过程优化的目标是一个多维度目标体系，它包含了要素的合理配置、环节的顺畅衔接、功能的耦合及整体性的优化。再如，本研究在全面把握高校思想政治理论课教学过程优化的内涵、意义、要素、结构、目标的基础上，阐释了高校思想政治理论课教学过程优化的动力机制、整合机制和保障机制，并提炼出了高校思想政治理论课教学过程优化的基本原则和优化路径。所有的思考对进一步开展高校思想政治理论课教学研究，拓展高校思想政治理论课教学研究的广度与深度都具有一定的创新性。

第二章

高校思想政治理论课教学过程优化的内涵和意义

阐明高校思想政治理论课教学过程优化的内涵和意义是本研究的理论起点。本章着重对高校思想政治理论课教学过程这一研究对象进行分析，阐明高校思想政治理论课教学过程优化的内涵和意义。首先，阐明高校思想政治理论课教学过程这一基本研究对象的内涵、特征及规律；其次，在这一研究基础上明晰高校思想政治理论课教学过程优化的内涵及特征；最后，论述高校思想政治理论课教学过程优化的意义。

第一节 高校思想政治理论课教学过程的内涵及特征

概念是反映对象本质属性的思维形式。对核心概念的科学界定是开展理论探究的基本前提。本节主要阐释核心概念的内涵和特征，但首先需要关注"思想政治理论课教学""教学过程""思想政治理论课教学过程"等相关概念，从而在基本层面上明确高校思想政治理论课教学过程的指涉范围和层次。

| 高校思想政治理论课教学过程优化研究

一 高校思想政治理论课教学过程的内涵

对高校思想政治理论课教学过程的概念进行分析，就是要初步解决"高校思想政治理论课教学过程是什么"的问题，为阐明高校思想政治理论课教学过程优化的内涵和意义奠定基础。

（一）思想政治理论课教学

要探究思想政治理论课教学就不能不谈教学。"教学"是一个日常生活中使用较为频繁的词语，关于教学的研究由来已久，成果丰硕。

从词源角度上来看，"教"和"学"最初都是独立的单字。如《说文解字》记载，教，上所施，下所效也。这里的"教"和"学"是被单独解释的。"教""学"二字连用一词，最早见于《书·尚书·说命下》："惟学逊志，务时敏，厥修乃来。允怀于兹，道积于厥躬。惟教学半，念终始典于学，厥德修，罔觉。"有学者考证，宋代欧阳修作胡瑗先生墓表："其在湖州之学，弟子去来常数百人，各以其经转相传授。其教学之法最备，行之数年，东南之士莫不以仁义礼乐为学。"其中"教学"二字，才是正式指教师"教"和学生"学"的活动。从中国教育史来看，对"教学"概念的比较科学、合理的理解当源于此。在英文中，经常有人认为，不能仅用 teach 一词来应对教学，而应该用 teaching and learning 以同时强调教师的教和学生的学。因此，我们常会在相关的英文文献当中见到 teaching and learning 一词，这一合成词与我国通常所理解的既包括"教"又包括"学"的"教学"形式等同。从语义的角度来看，作为非学术用语的"教学"，几乎可以涵盖一切通过经验传授引导别人的活动。关于学术用语中"教学"的含义，《辞海》是这样定义的："教学包含由教师的教和学生的学两个动作，是一个整体的活动，一般是在学校中进行，用以培养学生的德智体美劳等方面，是学校的中心工作"。教学论中

第二章 高校思想政治理论课教学过程优化的内涵和意义

关于"教学"概念的界定成果相当丰硕，虽然学者们对"教学"的理解有所相同，但这些不同多是基于共识基础上的不同。教学是教师教和学生学之间的统一活动，这一观点已形成共识。如王策三认为教学乃是教师教、学生学的统一活动。① 李秉德等认为，教学指的是教和学相结合或相统一的活动。② 裴娣娜认为，教学即教师教学生学习文化知识的教育过程，是学生在教师的指导下，掌握文化知识和技能，进而发展能力、增强体质、形成思想品德的过程。③

从本质层面来看，教学是在教师的引导下，将科学知识内化为学生的真知，并外化为学生能力的特殊认识过程。从使用的范围来看，有最广义教学、广义教学、狭义教学、更狭义教学之分，它们所涉及的范围和领域不同。④ 按照具体学科的界限来划分，教学可以划分为不同的学科教学，如语文教学、数学教学、英语教学、地理教学、政治教学等。

思想政治理论课教学类属于学科教学，是对高校学生进行系统思想政治教育的主渠道和主阵地。从一般意义上来讲，思想政治理论课教学归属于"教学"的基本范畴，必然要遵循一般的教学规律和机制；但另一方面，高校思想政治理论课作为体现社会主义大学本质特征的特殊课程，有着自身的独特属性。2015年中共中央宣传部、教育部关于印发《普通高校思想政治理论课建设体系创新计划》的通知中，对思想政治理论课进行了新的定位，思想政治理论课是巩固马克思主义在高校意识形态领域指导地位，坚持社会主义办学方向的重要阵地，是全面贯彻落实党的教育方针，培养中国特色社会主义事业

---

① 王策三：《教学论稿》（第二版），人民教育出版社2005年版，第87页。
② 李秉德主编，李定仁副主编：《教学论》，人民教育出版社1991年版，第2页。
③ 全国十二所重点师范大学联合编写，裴娣娜主编：《教学论》，教育科学出版社2007年版，第3—4页。
④ 王策三：《教学论稿》（第二版），人民教育出版社2005年版，第84—86页。

合格建设者和可靠接班人，落实立德育人根本任务的主干渠道，是进行社会主义核心价值观教育、帮助大学生树立正确世界观人生观价值观的核心课程。① 2019 年 3 月 18 日，习近平总书记在全国高校思想政治理论课教师座谈会上明确指出："思想政治理论课是落实立德树人根本任务的关键课程。"② 思想政治理论课既有一般课程的基本属性，同时又表现出不同于其他课程的特殊属性，是落实立德树人根本任务的关键课程，有着鲜明的意识形态属性和政治性要求，承载着意识形态教育、思想引领、价值引领的特殊任务，具有思想引领与价值导向的重要作用。

因此，在对"高校思想政治理论课教学"这一概念进行界定时，首先要立足于思想政治理论课程的一般属性，更为重要的是要把握高校思想政治理论课的特殊属性。高校思想政治理论课教学是一种教师教学和学生学习的双向互动活动。教育者借助于代表党和国家意志的思想政治理论课教材，基于一般教学规律、个体的思想品德形成发展规律及思想政治教育规律，对受教育者在政治方面、思想方面、道德方面进行的有目的、有规划、有安排的教学引导，使受教育者的思想品德达到社会的基本要求。它是一种作用于受教育者的教学实践活动，其主要内容是马克思主义理论教育和思想品德教育。③ 它不是教师教学行为与学生学习行为的机械相加、简单组合，而是二者的辩证统一过程，即"教师教"与"学生学"的辩证统一过程。

综上所述，本研究认为思想政治理论课教学指的是在学校环境中

---

① 《中华人民共和国学校思想政治理论课重要文献选编》编写组编：《中华人民共和国学校思想政治理论课重要文献选编》（下册），人民出版社 2022 年版，第 1384 页。

② 《习近平主持召开学校思想政治理论课教师座谈会强调 用新时代中国特色社会主义思想铸魂育人 贯彻党的教育方针落实立德树人根本任务》，《人民日报》2019 年 3 月 19 日第 1 版。

③ 佘双好：《提升思想政治理论课教学质量的规律探讨》，《中国高校社会科学》2018 年第 2 期。

第二章 高校思想政治理论课教学过程优化的内涵和意义

思想政治理论课教师以特定的教学内容为中介，依据课程教学的一般规律、思想政治教育活动的特殊规律及人的思想品德形成发展规律，对受教育者的理想信念、思想观念、政治观点、道德规范等进行有目的、有计划、有组织的教学引导，使受教育对象形成符合社会主义建设事业所需要的思想政治素质的教育实践活动。

(二) 思想政治理论课教学过程

从学科意义上来划分，思想政治理论课教学过程从属于教学过程。明晰"教学过程"这一上位概念是界清思想政治理论课教学过程的基本前提。因此，这里有必要对相关概念进行阐释。

1. 教学过程的概念

教学过程是教育理论研究的基本问题之一。国内外学者基于不同的研究角度对这一概念进行界定，研究者们众说纷纭，各执己见。综观已有关于教学过程的概念界定，大体可以划分为以下几种：

第一种，依据教学的本质来界定教学过程的概念。对教学过程本质探讨一直是学者们关注和研究教学过程的核心问题。基于教学本质描述教学过程概念，有利于更好地把握居于较深层次的教学过程性质。在过去几十年对教学过程的探索中，形成了诸多代表性观点，如"认识说""发展说""实践说""活动说""交往说""知情统一说""价值增值说"等。该部分学者对教学过程的界定多是依据教学过程本质而形成，如持"认识说"观点的学者们认为，教学是一种特殊的认识过程，即学生在教师指导下以教材为媒介认识客观世界的过程。这种观点主要是受苏联凯洛夫教育学的影响，在20世纪80年代初期的教学思想中占据统治地位。持"发展说"观点的学者们从心理学角度出发，认为教学过程是促进学生认知、情感、品德、个性发展的过程。持"活动说"观点的学者们认为教学是教师和学生的双边活动过程。

第二种，依据教学活动所要达到的目的界定教学过程的概念。这种界定方法主要针对教学过程的目的，既针对教育者的教学目的，也针对受教育者的学习目的，更针对二者相互作用、辩证统一所要达到的共同目的。此种界定方法是概念界定过程较为常用的基本方法。如，尤·克·巴班斯基从提出和接受目的的角度出发指出，教学过程由教师、学生彼此相互作用而构成，其目的在于解决受教育者的教养、共产主义教育和一般发展的任务。[①]

第三种，依据教学活动在时间上的展开来界定教学过程的概念。这种界定方法是将关注点置于教学过程展开的时间流程上，依据教学活动和学习活动的时间历程，从教学过程所经历的具体步骤、具体流程、操作程序来界定教学过程的基本概念。如有学者认为教学过程是教学活动经过的程序，表现为具有时间先后和逻辑顺序的一系列步骤、阶段和环节。[②] 还有学者认为教学过程是指开展教授活动和学习活动的时间流程。[③]

第四种，依据系统科学研究的整体视角来界定教学过程。这种界定方法从整体与部分相统一、宏观与微观相统一的视角出发，认为教学过程是由多任务、多层次、多要素构成的复杂整体系统。例如，我国学者江山野基于教学任务的开展和不同学段的顺序，分别探究了宏观层面的教学过程、微观层面的教学过程，观照了时间维度下教学跨度和周期，对整个学校教育、一门课程、一章或单元、一点知识或一课书等不同的教学时间跨度或教学周期，对进行教学过程的分层研究，并指出教学过程具有阶段性和差异性等特征，教学方式要同阶段相匹配。在具体的实际教学当中，从四个不同层次来界定教学过程的

---

① ［苏］Ю. К. 巴班斯基主编：《教育学》，李子卓、杜殿坤、吴文侃、吴式颖、赵玮译，人民教育出版社1986年版，第146页。
② 张传燧：《中国教学论史纲》，湖南教育出版社1999年版，第166页。
③ ［日］筑波大学教育学研究会编：《现代教育学基础》，钟启泉译，上海教育出版社1986年版，第278页。

广义和狭义概念：第一个层次是个体从入学到毕业的整体过程；第二个层次是完成某课程的教学过程；第三个层次是更为狭义的章节或单元教学过程；第四个层次是最为狭义的某堂课的教学过程。① 苏联学者克拉耶夫斯基从系统整体视角，指出教学过程就是教学活动系统状态的更换②，强调必须从教学活动系统的社会目的性、人为性出发并从教学论的角度研究教学过程的特征及其客观规律性，尤其是系统成分和结构依照系统的功能发生变化的内在机制。除此之外，教学过程的概念还可以依据内容维度、学科维度来划分，如德育教学过程、劳育教学过程、美育教学过程等。③

第五种，从意义建构的角度来界定教学过程。教学过程是学生在教师指导下，由不知到知，由知之不多到知之较多，由浅入深的认识过程与实践过程，是受教育者接受理论教育，培养个体发展能力，逐步形成正确的世界观、人生观、价值观，养成共产主义道德品质的过程。教学过程是教学工作的核心，教学的各项任务是在通过教师与学生的共同活动去实现的。从知识的角度来定义，教学过程是使非生命载体的知识向生命载体的转化和往复循环的过程。以往传统的课堂教学活动由于忽视了知识生命载体的自身生命活动，而把本来应该生动活泼、充满人的生命活力和精神的知识学习过程变成了一种简单的传输、传递、接受的过程，知识没有通过教与学的活动过程而获得新的生命力，课堂教学成为非生命载体知识的简单转移或搬运过程。

2. 教学过程与教学模式概念辨析

"教学过程"与"教学模式"二者含义相近，在某些情况下存在

---

① 江山野：《论教学过程和教学方式（上）》，《教育研究》1983 年第 9 期。
② [苏] 斯卡特金主编：《中学教学论——当代教学论的几个问题》，赵维贤、丁西成等译，人民教育出版社 1985 年版，第 153 页。
③ 周宏主编：《第五辑 教育新理念①：学科创新教育新视点》，中央民族大学出版社 2002 年版，第 87 页。

着交叉重合、相互混用的状况。这里笔者简单对二者进行辨析。"模式"一词来源于英文"Model",新英汉词典中将其解释为模型、典型、样式等。"模式"一词在中国古代已经开始使用,但用得不多。《汉语大词典》中将其解释为:事物的标准样式。从一般意义上来讲,模式是经验与科学之间、现实与理论之间转换的"中介",它从整体上把握事物的共性,即提供可以"照着做"的具体化的、程序化的结构方式和运行程序。美国的乔伊斯和韦尔(B. Joyce and M. Weil)最先将"模式"一词引入教学领域,加以系统研究,并在《教学模式》一书中基于教学过程的程序性和结构性特质指出,教学模式是关于如何实施课程、布置作业、挑选教材以及引导教师活动的范式和计划。他们将教学模式归纳为四种类型:第一种是信息加工教学模式,该模式着重强调知识的获得和智力的发展。主要包括皮亚杰的以信息处理能力的发展研究为基础的模式、加涅的以学习理论为基础的模式、布鲁纳的概念获得教学模式。第二种是个性教学模式,注重强调学生在教学中的主观能动性,如罗杰斯的非指导性教学模式,杜威的活动教学模式。第三种是合作教学模式,主要依据的是社会互动理论,重点关注个体的社会性品格养成,如苏联阿莫纳什维利等一批学者所创立的合作教育教学模式。第四种是行为控制模式,行为主义心理学是其主要的理论依据,认为教育是一种行为不断修正的过程。如斯金纳的程序教学模式,加里培林的智力行为多阶段教学模式。教学模式的研究在我国起步较晚,"教学模式"一词在我国学术界引起关注是从20世纪七八十年代开始的。学者们或是从理论视角出发,或是从实践视角出发,提出了不同观点,呈现出多样态的发展态势。总的来看,国内关于教学模式的研究经历了引进介绍阶段(1981—1990年)、自主建构阶段(1991—2000年)、实践推进阶段(2001年至今)的发展历程,形成了较为丰硕的研究成果,如"理论说""结构说""程序说""方法说"等。具体到教学实践中,国内

第二章 高校思想政治理论课教学过程优化的内涵和意义

常用的教学模式有传递—接受教学模式、自学—指导教学模式、引导—发现教学模式、情境—陶冶教学模式、示范—模仿教学模式以及目标—导向教学模式等。总之，教学过程与教学模式之间既有差异又有区别。教学模式是依托于一定的教育思想和学习理论建构起来的相对稳定的教学活动结构和活动程序。它是教学的标准形式，是可供效仿的教学活动程序，着重对教学方式方法做抽象概括，对于同类课业有可操作性的示范作用。教学过程一般是着眼于教学活动在时间结构上的发展程序，表现为一种动态结构，而教学模式则偏向于从具体的空间结构、多因素关系等角度去考虑，表现出一种稳定结构，是一种简化的、典型的、可操作的、相对静止的教学过程。但同时，教学过程与教学模式之间又是相互关联的。一种教学模式，总有相对应的教学过程，反之亦然，变换教学过程即导致教学模式的变换，二者具有对应性、同步性。①

3. 思想政治理论课教学过程的概念

对于思想政治理论课教学过程概念的界定，相关研究并不丰富。学界对这一概念多是以约定俗成、默认共知的角度来使用。结合已有相关研究，本书从三种维度来理解和界定。

第一种维度，内涵式定义。即基于思想政治理论课教学过程的内涵来定义，即依据目标和任务来界定。高校思想政治理论课教学过程的目标和任务是完成马克思主义理论的知识教育，并在此基础上促使受教育者形成符合一定社会所期望的思想品德，并掌握运用科学理论分析问题、解决问题的能力。它不仅是大学生学习、掌握知识的过程，同时也是促进大学生全面发展的过程。② 有学者指出这一教学过程的目标和任务是提高受教育者的认识水平、运用能力和个人素质，

---

① 查有梁：《教育模式》，教育科学出版社 1993 年版，第 3 页。
② 唐世刚、杨江民：《高校思想政治理论课教学理论与实践创新研究》，重庆出版集团、重庆出版社 2015 年版，第 69 页。

就是在师生教育互动中，将社会主导的理论、观念和规范内化为受教育者自身的认知体系中。① 还有研究从范畴视角出发，基于思想政治理论教育教学类属于思想政治教育的范畴，认为思想政治理论课教学过程是指思想政治理论课教师根据一定社会的思想品德要求和学生思想品德形成发展的规律，凭借教学活动，对大学生施加有目的、有计划、有组织的教育影响，促使大学生产生内在的思想矛盾运动，以形成一定社会所期望的思想品德的过程。②

第二种维度，过程式定义。即基于思想政治理论课教学过程运行来定义。即从思想政治理论课教学过程的运行状态来界定。包括认为教学过程是主体与客体双向互动的过程，是理论教学和实践教学的高度统一的过程③，是"教"和"学"之间矛盾运动的复杂过程④，是一种特殊的、情知交融、思想碰撞的认识活动过程⑤。

第三种维度，本质式定义。即基于思想政治理论课教学过程的本质来定义。这种界定方式可以从更深层次来理解思想政治理论课教学过程的基本概念。如综合动态视角和静态视角去考察，认为从静态的角度来看，它更多地表现为一定的教学模式；从动态的角度考察表现为具体的矛盾运动过程。"这一矛盾运动过程，概括地说，就是教学主体与客体、教学认识与实践具体的、历史的对立统一展开的过程。"⑥ 有学者从比较视角出发，认为思想政治理论课教学过程是比

---

① 刘吉发、刘强等：《高校思想政治理论课教学方法论：10余种教学方法的设计与实践》，西北大学出版社2009年版，第66页。
② 何孟飞：《新时代高校思想政治理论教学研究》，厦门大学出版社2018年版，第104页。
③ 房玫、汤俪瑾、黄金满：《思想政治理论课教学过程的优化》，安徽师范大学出版社2018年版，第33页。
④ 刘雪松：《正确处理高校思想政治理论课教学过程中的三种关系》，《黑龙江高教研究》2006年第6期。
⑤ 房玫：《思想政治理论教育教学导论》，安徽人民出版社2005年版，第148页。
⑥ 石云霞：《高校思想政治理论课程建设史研究》，武汉大学出版社2006年版，第274页。

第二章 高校思想政治理论课教学过程优化的内涵和意义

一般课程教学更为复杂的过程,存在多个不同性质过程的相互作用。它首先是一个教学过程,同时还是一个思想政治教育过程,更是一个大学生自我建构的过程。① 有学者将其本质表述为一种特殊的教育实践活动,这一活动处于"实践—认识—实践"的矛盾运动中。② 还有学者指出,思想政治理论课教学过程是指师生之间在教和学的相互联系中,教师采用一定的教学手段和教学方法阐释教学内容,是以促进学生的身心健康和思想转化,形成正确的世界观、人生观和价值观为目的的过程,是教师、学生、教学方法和教学内容的统一体。③ 它不是一个教学信息单向性的传播过程,而是教学信息的传播和反馈的双向互动过程,是一个可调节而且需要调节的信息传播过程。④

综上,笔者认为高校思想政治理论课教学过程是一个多层次的复杂结构系统,它是指教育者依据一定社会的思想品德要求和大学生思想政治素质形成发展的规律,通过教学活动对受教育者施加有目的、有计划、有组织的教育影响,使受教育者成为德智体美劳全面发展的社会主义合格建设者和可靠接班人的过程。从宏观层面上讲,它是一个思想政治教育过程,是一个大学生精神建构、意义建构的过程;从微观层面上讲,它是一个发生在思想政治理论课课堂领域内的知识传授教学过程和学习过程。宏观层面上的高校思想政治理论课教学过程首先涉及思想政治教育过程的本质,即使统治阶级思想成为统治地位的思想的过程,是教育者通过有目的、有计划、有组织的教育活动,促使一定社会的思想意识、价值观念和道德规范转化为受教育者的个体思想品德的过程。其次,这一过程不仅局限于知识的传授和学习,

---

① 余双好:《提升思想政治理论课教学质量的规律探讨》,《中国高校社会科学》2018年第2期。
② 何孟飞:《新时代高校思想政治理论教学研究》,厦门大学出版社2018年版,第106—109页。
③ 施丽红、苏洁:《高校思想政治课有效教学》,光明日报出版社2012年版,第168页。
④ 詹文都:《论思想政治理论课教学的反馈调节》,《思想·理论·教育》2005年第3期。

更为重要的是个体将所学理论知识运用于实践当中，与理论所代表的力量相结合，完成自我建构的过程。从这个角度看，这一过程内涵丰富、复杂多变，是个体知、情、意、信、行全面参与的过程。在微观层面上的高校思想政治理论课教学过程中，学生主要与具体的教学内容发生作用，借助于师生的交往活动，掌握该学科的基本理论和观点，并建构起一定的马克思主义理论认知体系与品德体系。

二 高校思想政治理论课教学过程的特征

要弄清高校思想政治理论课教学过程的特征，必须首先对其本质属性加以把握。依据马克思主义的基本观点，本质是指事物本身的特殊规定性，这种规定性是区别于其他事物的根本依据。毛泽东指出："大家明白，不论做什么事，不懂得那件事的情形，它的性质，它和它以外的事情的关联，就不知道那件事的规律，就不知道如何去做，就不能做好那件事。"[①] 因此，要弄清何为高校思想政治理论课教学过程优化，必须首先要探讨高校思想政治理论课教学过程的本质，这是其本身的独特属性，表征出高校思想政治理论课教学过程的特殊性。

（一）高校思想政治理论课教学过程的本质属性

高校思想政治理论课教学过程类属于学科教学过程，二者之间存在类比关系。类比关系是事物或过程之间进行相同属性的类推而将事物或过程归为一类的思维关系引力。类比的各方具有相似的属性特征，一方属性可以启发提示个体对另一方属性的判断和理解，由此事物或过程双方能够进行较有意义的、有效的联结建构。[②] 因此，探究教学过程的本质是明晰思想政治理论课教学过程的本质属性的基本前提。

[①] 《毛泽东选集》第一卷，人民出版社 1991 年版，第 171 页。
[②] 焦秋生：《哲学与教育课程论题——关系、结构与过程》，山东大学出版社 2015 年版，第 28 页。

第二章 高校思想政治理论课教学过程优化的内涵和意义

教学过程是思想政治理论课教学过程的上位概念，它是教学的客观存在，是教学论研究的基本问题之一。虽然学界关于教学过程的本质尚未达成共识，但仍然可以从已有研究成果中窥探出高校思想政治理论课教学过程的一般本质。关于其本质问题的认识与探讨，至今理论界仍处于争论当中，尚未形成一致的看法。学者们基于不同的理论视角对教学过程本质作出了不同论断，代表性的观点有：以马克思主义辩证唯物论的认识论为指导，按照认识的普遍规律把握教学一般过程的"认识本质说"；基于教学过程要完成的基本任务，探讨教学过程本质的"发展说"；试图从多视角、多学科立场出发探讨教学过程本质的"层次类型说"；以实践活动论为指导，把教学过程当作实践活动，强调教学过程中一系列教与学行为的实践目的的"实践说"；用哲学价值论的观点探讨教学过程本质，把教学过程看作价值主体追求和实现价值目标而展开活动过程的"价值增值说"；从教学过程的社会性、人际关系来分析，以对话、交流、合作为基础的"交往本质说"；等等。

已有研究中，学者们多从本体论视角出发，试图去探究一般的、普遍的、抽象的唯一本质。这种本体论的研究倾向成为教学过程理论研究的主流，具有本质主义倾向，在一定程度上会导致教学过程本质讨论停留在研究表面。据此，为了提高教学过程本质研究的科学性，既要反对本质主义，又要避免陷入"不可知论"。要跳出教学过程问题自身，在继承现有研究成果的基础上，认识其思维方式及研究范式，从而为确定教学过程的本质提供方法论指导。

教学过程的本质探讨从总体上廓清了思想政治理论课教学过程的全貌和轮廓。基于辩证唯物主义认识论，其本质是一种认识过程。基于实践论的研究范式及教学行为目的，其本质是一种实践过程。基于互动这一教学过程存在的基本形态，其本质是一种交往互动过程。如有学者基于认识论的研究视角，指出它的最一般本质就是认识与实践相统一的认识过程和实践过程。如果从教育学的角度来看，思想政治理论课教学过程的一般本质就是"教"与"学"相统一的教学实践活动。① 有研究指出，高校思想政治理论课教学过程是认识过程、审美过程、价值过程的统一体。其中认识过程是它的核心属性，审美过程和价值过程都要以认识过程为根基。它本身作为一个认识过程，就是围绕马克思主义理论、马克思主义中国化理论体系等知识而展开的传授、陈述、解释、理解的过程。与人类一般认识过程的不同之处在于，教学过程主要不是通过亲身实践获得直接知识，而是学习和掌握"前人总结生产斗争和阶级斗争的经验写成的理论"。② 还有观点指出，思想政治教育实践活动本质是一个理论与实践相统一的复杂实践活动。它以人为作用对象，其目的在于帮助人们形成符合社会需要的思想品德，主要帮助人们解决"做什么"和"怎么做"的问题。③

笔者认为，高校思想政治理论课教学过程是一个认识与实践相统一的实践活动，其中认识活动是审美活动、价值活动、实践活动的基础，实践活动是认识活动、审美活动、价值活动的最终目标，高校思想政治理论课教学过程总是在"实践—认识—再实践—再认识"中循序渐进、螺旋向上的发展过程。

（二）高校思想政治理论课教学过程的本质特征

高校思想政治理论课教学过程同一般教学过程相比，既有共性又有个性，表现出共性与个性的统一。它既有一般教学过程的基本特征，即知识教育属性；但更为重要的是它自身所具有的独特属性，把

---

① 石云霞：《高校思想政治理论课程建设史研究》，武汉大学出版社2006年版，第279—280页。
② 王能东：《高校思想政治理论课教学论》，人民日报出版社2017年版，第84页。
③ 陈万柏、张耀灿主编：《思想政治教育学原理》（第二版），高等教育出版社2007年版，第8页。

第二章 高校思想政治理论课教学过程优化的内涵和意义

握这种特殊性是展开高校思想政治理论课教学过程研究的关键与核心。

一是政治教育性。马克思指出："统治阶级的思想在每一时代都是占统治地位的思想。这就是说，一个阶级是社会上占统治地位的物质力量，同时也是社会上占统治地位的精神力量。支配着物质生产资料的阶级，同时也支配着精神生产资料。"[①] 列宁指出："因为在各方面的教育工作中，我们都不能抱着教育不问政治的旧观点，不能让教育工作不联系政治。"[②] 习近平指出："办好我国高等教育，必须坚持党的领导，牢牢掌握党对高校工作的领导权，使高校成为坚持党的领导的坚强阵地。"[③] 高校思想政治理论课作为国家意识形态教育的主渠道和主阵地，是高校坚持正确的政治方向、践行立德树人宗旨的重要课程，关系到"为谁培养人"和"培养什么样的人"的根本问题。思想政治教育本质上是使统治阶级思想成为占统治地位思想的过程。思想政治理论课的教学目的就是落实立德树人根本任务，培养出一代又一代社会主义建设者和接班人。思想政治理论课教学要承担起立德树人的根本任务，发挥在人才培养中的积极作用，就必须在教学过程中坚持政治教育的首要位置。

高校思想政治理论课教学过程是对大学生进行系统的马克思主义理论武装头脑的过程，目的在于使受教育者能够系统掌握并运用马克思主义的立场、观点、方法来分析并解决问题，即培养新时代公民所必须具备的政治素养。这既是中国共产党教育方针的体现，也是高等教育人才培养的本质要求。[④] 思想政治教育教学之所以具有鲜明的意

[①] 《马克思恩格斯选集》第1卷，人民出版社2012年版，第178页。
[②] 《列宁选集》第4卷，人民出版社2012年版，第301—302页。
[③] 《习近平在全国高校思想政治工作会议上强调 把思想政治工作贯穿教育教学全过程 开创我国高等教育事业发展新局面》，《人民日报》2016年12月9日第1版。
[④] 余双好：《关于高校思想政治理论课程定位的探讨》，《思想理论教育》2007年第21期。

识形态属性，是因为它总是与一定社会和阶级的意识形态活动紧密联系的，目的在于让大学生系统掌握和接受一定的政治观点、思想观念、道德规范，从而形成正确的世界观、人生观、价值观、道德观。它在本质上是一种意识形态灌输与传播的实践活动①，是培养一代又一代社会主义建设者和接班人的重要保障②。因此，高校思想政治理论课教学过程表现出政治性与学理性的统一，它当然是一种知识教育的过程，但更为重要的，或者说更为本质的是一种思想政治教育或者意识形态教育，或者叫信仰教育。

　　二是价值教育性。相较于其他学科的教学过程，高校思想政治理论课教学过程的目的不是获取知识而是生成价值。习近平总书记在学校思想政治理论课教师座谈会上强调，要坚持价值性和知识性相统一，寓价值观引导于知识传授之中。③所谓价值是指客体满足主体的基本属性。思想政治理论课教学活动主要满足于大学生的思想政治品德形成和发展的需求，特别是满足大学生成为时代新人的社会化需求。所谓价值性是思想政治理论课教学活动所体现出来的意义和作用，具体是指这一过程要体现价值引领作用，发挥价值引领功能，促使受教育者坚定马克思主义信仰、增强对党和国家的信任、增强对新时代中国特色社会主义现代化建设的信心。④价值性是思想政治理论课程的根本要求与核心品质，贯穿于思想政治理论课教育教学全过程。思想政治理论课要引领价值观发展，就要求其教学活动具有明

---

①　何孟飞：《新时代高校思想政治理论教学研究》，厦门大学出版社2018年版，第7页。
②　《习近平主持召开学校思想政治理论课教师座谈会强调 用新时代中国特色社会主义思想铸魂育人 贯彻党的教育方针落实立德树人根本任务》，《人民日报》2019年3月19日第1版。
③　《习近平主持召开学校思想政治理论课教师座谈会强调 用新时代中国特色社会主义思想铸魂育人 贯彻党的教育方针落实立德树人根本任务》，《人民日报》2019年3月19日第1版。
④　冯刚、朱宏强：《深刻把握思想政治理论课价值性和知识性相统一的功能作用》，《思想政治课研究》2019年第2期。

确价值教育属性。如果说知识教育是载体，那么价值教育就是高校思想政治理论课教学的灵魂，知识教育服务于价值教育。通过知识传授把价值取向、价值引导旗帜鲜明地讲授给教育对象，在知识教育中实现价值引领，引导大学生树立马克思主义立场、观点和方法，塑造价值观念，坚定政治立场，树立远大理想。习近平总书记在全国高校思想政治工作会议上强调："要教育引导学生正确认识世界和中国发展大势，从我们党探索中国特色社会主义历史发展和伟大实践中，认识和把握人类社会发展的历史必然性，认识和把握中国特色社会主义的历史必然性，不断树立为共产主义远大理想和中国特色社会主义共同理想而奋斗的信念和信心；正确认识中国特色和国际比较，全面客观认识当代中国、看待外部世界；正确认识时代责任和历史使命，用中国梦激扬青春梦，为学生点亮理想的灯、照亮前行的路，激励学生自觉把个人的理想追求融入国家和民族的事业中，勇做走在时代前列的奋进者、开拓者；正确认识远大抱负和脚踏实地，珍惜韶华、脚踏实地，把远大抱负落实到实际行动中，让勤奋学习成为青春飞扬的动力，让增长本领成为青春搏击的能量。"[①] 因此，在高校思想政治理论课教学过程中坚持价值教育目的，准确把握价值教育属性，是落实"培养什么人、怎样培养人、为谁培养人"这个根本任务的基本前提。

三是显性德育性。思想政治理论课作为一门国家课程，它是由国家设置面向所有在校学生开设的公共基础课程，其本身具有鲜明的显性教育属性。2004年8月26日，《中共中央、国务院关于进一步加强和改进大学生思想政治教育的意见》中明确指出，高等学校思想政治理论课是大学生思想政治教育的主渠道。思想政治理论课是大学生

[①] 《习近平在全国高校思想政治工作会议上强调 把思想政治工作贯穿教育教学全过程 开创我国高等教育事业发展新局面》，《人民日报》2016年12月9日第1版。

的必修课，是帮助大学生树立正确世界观、人生观、价值观的重要途径，体现了社会主义大学的本质要求。[①] 2015年中共中央宣传部、教育部印发的《普通高校思想政治理论课建设体系创新计划》，对思想政治理论课进行了新的定位，思想政治理论课是巩固马克思主义在高校意识形态领域指导地位，坚持社会主义办学方向的重要阵地，是全面贯彻落实党的教育方针，培养中国特色社会主义事业合格建设者和可靠接班人，落实立德树人根本任务的主干渠道，是进行社会主义核心价值观教育、帮助大学生树立正确世界观人生观价值观的核心课程。[②] 2019年3月18日，习近平总书记在学校思想政治理论课教学座谈会上再次强调"思想政治理论课是落实立德树人根本任务的关键课程"[③]。思想政治理论课教学多以思想政治理论课堂教学为主渠道、主阵地，因此对于高校思想政治理论课教学过程来说，显性教育特征占据主导位置。这就要求思想政治理论课教师在教学过程中旗帜鲜明、理直气壮地讲好思政课。但同时，也要高度重视隐性教育在高校思想政治理论课教学过程中的重要作用，有意识地将显性教育与隐性教育相结合，从而提高高校思想政治理论课教学过程的吸引力和实效性。

三 高校思想政治理论课教学过程的规律

所谓规律是指客观事物发展过程中固有的、本质的、必然的联系。揭示教学过程规律并在此基础上制定教学活动规则，是研究教学过程的主要任务，是实现教学过程优化的必要前提。高校思想政治理

---

① 教育部思想政治工作司组编：《加强和改进大学生思想政治教育重要文献选编（1978—2008）》，中国人民大学出版社2008年版，第378页。

② 《中华人民共和国学校思想政治理论课重要文献选编》编写组编：《中华人民共和国学校思想政治理论课重要文献选编》（下册），人民出版社2022年版，第1384页。

③ 《习近平主持召开学校思想政治理论课教师座谈会强调 用新时代中国特色社会主义思想铸魂育人 贯彻党的教育方针落实立德树人根本任务》，《人民日报》2019年3月19日第1版。

第二章 高校思想政治理论课教学过程优化的内涵和意义

论课教学过程是一个错综复杂的矛盾运动过程，各要素相互联系、相互作用形成教学过程的规律。当前，学界关于高校思想政治理论课教学过程规律的分析维度大体上可以分为以下几类：第一类是探究高校思想政治理论课教学过程的一般规律和特殊规律。如有学者基于思想政治理论课教学过程的教学过程、教育过程和精神建构过程的本质，认为思想政治理论课教学过程的基本规律包含教学过程的一般规律、思想政治教育的特殊规律以及马克思主义理论教育活动的特殊规律。① 有学者认为，高校思想政治理论课教学过程的规律可分为一般规律和特殊规律，其中一般规律是指间接经验与直接经验相统一的规律；掌握知识与发展智力相统一的规律；传授知识与思想教育相统一的规律；教师主导作用与学生主体地位相统一的规律。② 第二类是探究高校思想政治理论课教学过程的内部规律和外部规律。如有学者着重探讨高校思想政治理论课教学过程的内部规律，指出高校思想政治理论课教学过程规律包括传授知识与传递价值统一渗透的规律，思想政治理论课教学中认识反复、思想提升和价值观念转化的规律，思想政治理论课教学中博采众长、因时而进、稳中求进的协同规律。③ 第三类是探究高校思想政治理论课教学过程的宏观规律和微观规律。如有学者将思想政治理论课教学过程规律概括为一个基本规律和四个具体规律，其中一个基本规律指的是教学互动律；四个具体规律即教师引导律、学生需要驱动律、要素互动律和内化外化律。④ 习近平总书记在

---

① 余双好：《提升思想政治理论课教学质量的规律探讨》，《中国高校社会科学》2018年第2期。

② 张玉玲、左守志、吴高波主编：《思想政治理论课教学价值论》，中央文献出版社2008年版，第113页。

③ 宇文利：《努力掌握并用好思想政治理论课教学的科学规律》，《思想理论教育导刊》2017年第9期。

④ 陈娟、鹿林：《交互主体性教学——高校思想政治理论课教学新理念》，河南大学出版社2019年版，第247页。

高校思想政治理论课教学过程优化研究

全国高校思想政治工作会议上指出:"做好高校思想政治工作,要因事而化、因时而进、因势而新。要遵循思想政治工作规律,遵循教书育人规律,遵循学生成长规律,不断提高工作能力和水平。"[1] 这一论述为进一步明晰高校思想政治理论课教学过程规律指明了方向。在此基础上,本研究基于前文对思想政治理论课教学过程的基本性质的阐释、思想政治理论课教学过程同一般教学过程的联系与区别的基础上,将思想政治理论课教学过程的基本规律概括为:教学过程的一般规律、思想政治教育的特殊规律、大学生成长成才规律。

(一)教学过程的一般规律

教学过程的一般规律是高校思想政治理论课教学过程的基本规律,它普遍存在于教学活动之中,贯穿教学发展变化全过程的本质的、必然的联系。高校思想政治理论课教学是以特定的教学内容为载体,通过一定的教学方法对大学生进行理论知识教育,使他们在认同的基础上逐渐确立科学的世界观、人生观和价值观,提高思想政治觉悟和认识能力的过程。高校思想政治理论课教学的首要任务就是,通过教师的引导使学生掌握马克思主义理论与思想政治教育知识体系,掌握马克思主义理论学科的内在逻辑结构。它是一个在教师引导或主导下的有助于学生思想道德素质发展的特殊认识过程。在这个过程中,学生认识的主要对象是思想政治理论课教学内容,或者说是课程内容及其知识结构。通过对这种知识结构的学习和掌握,学生逐渐树立马克思主义的基本理论和观点,并逐渐构建起认识世界和改造世界的理论体系。[2] 高校思想政治理论课是一门公共必修课程,具有一般学科课程的共有特点。它有着一套完整严密的课程组织体系,包含着

---

[1] 《习近平在全国高校思想政治工作会议上强调 把思想政治工作贯穿教育教学全过程 开创我国高等教育事业发展新局面》,《人民日报》2016年12月9日第1版。

[2] 佘双好:《思想政治理论课程教学法探析》,中国人民大学出版社2018年版,第214—215页。

第二章 高校思想政治理论课教学过程优化的内涵和意义

严谨的课程计划和课程标准，体现着国家意志的教材。只有遵循学科教学过程的一般规律，思想政治理论课教学过程才具有针对性、有效性和实效性。因此，课程教学过程的一般规律是高校思想政治理论课教学过程的首要规律，具体来讲主要包括：知识教育与道德教育相统一的规律、间接经验和直接经验相结合的规律、教师主导作用和学生主体作用相依存的规律、教学相长规律。

知识教育与道德教育相统一的规律。知识教育是指传授科学与人文知识，发展智力与培养能力。道德教育是指对思想品德方面的教育。知识教育和道德教育是辩证统一体，知识教育是道德教育的条件和基础。人类头脑的思维形式，是以一定的词语、概念为代表的知识为材料的。离开了这些知识材料，思维就会成为无源之水、无本之木。离开了知识、失去了基础和表现的条件，道德教育只是一句空话。道德教育为知识指明方向、提供动力。不以道德教育为目的的知识教育也毫无意义。赫尔巴特指出："我想不到有任何'无教学的教育'，正如在相反方面，我不承认有任何'无教育的教学'。"[①] 任何课程的教学都不仅仅局限于知识技能的传授和获得，都是在知识教育过程中蕴含德育的因素，也都为道德教育服务。赫尔巴特同时指出，教学的最高的、最后的目的包含在这一概念之中——德行。思想政治理论课教学的知识教育和道德教育都蕴含在整个思想政治理论课教学过程当中，以课程、教材为依托，知识教育和道德教育统一于教学过程中。

间接经验和直接经验相结合的规律。间接性知识即他人或前人已经认识的成果和经验，一般指的是书本知识和理性知识，包括理论知识和技能技巧。直接性知识是指学生亲身获得的认识和感觉，主要指学生亲身实践所获得的感性认识。思想政治理论课程是一种经过提炼

---

① 张焕庭主编：《西方资产阶级教育论著选》，人民教育出版社1964年版，第257页。

的认识过程，受教育者学习的是间接的经验和书本知识。这些间接知识指的是，马列主义、毛泽东思想、邓小平理论、"三个代表"重要思想、科学发展观、习近平新时代中国特色社会主义思想的基本原理知识，中国近现代革命和建设的历史知识、文化知识、政治、法律、心理健康等知识和中国特色社会主义核心价值等人类优秀文化成果。然而对于大学生而言，这些知识都是间接的、外在的。大学生对相关知识的学习是内化为自己的情感、态度、价值观的基本前提和必要基础。但同时，大学生需要在一定的思想政治理论课认知基础上，积极参加社会实践性的教学活动，通过身体力行，去印证马列主义、毛泽东思想、邓小平理论、"三个代表"重要思想、科学发展观和习近平新时代中国特色社会主义思想的现实意义，才能加深对学习知识的理解和把握，也才能更好地将其内化为自己的思想和行为。

　　教师主导作用和学生主体作用相依存的规律。在教学过程中，只有做到教师主导和学生主体作用相统一，才能获得最优化的教学结果。教学过程是教师和学生双边共同活动的过程，教师和学生二者之间的关系是各种关系中最基本的一种关系。其中教师的主导作用是指在教学活动中，教师处于主导地位，其主导作用主要体现在按照教学任务和教学规律的要求对学生进行讲解、启发、诱导、指导上。学生主体作用是指在教学过程中，学生是学习的主体，是学习的主人，必须充分调动学生学习的积极性、主动性和创新性。学生主体作用的发挥程度决定了教师主导作用的发挥程度。学生学习的积极性、主动性越高，学习效果就越好。唯物辩证法认为，任何事物的产生、发展和灭亡，总是内因和外因共同作用的结果。外因是变化的条件，内因是变化的根据，外因通过内因而起作用。教师与学生作为教学共同体，共同作用于教学实践活动的全过程。教师主导作为教学实践活动的外因，决定着教学方向和内容；学生主体作为教学实践活动的内因，决定着教育的结果和效果，教师主导的

第二章 高校思想政治理论课教学过程优化的内涵和意义

外因只有通过学生主体的内因才能起作用。在思想政治理论课教学过程中，教师是教学的发动力量，在教学过程中居于一种领导、控制和执教的地位。学生则是被发动的对象，是教学的授受者、学习者和参与者，在教学过程中处于一种被领导、受控制和受教育的地位。如果没有教师的主导作用的发挥，教学过程将无法开展；反之，如果没有学生主体作用的发挥，教学过程也不能称为一个完善的教学过程。只有坚持教学主导作用和学生主体作用相依存的规律，把教师的主导性与学生的主动性都充分发挥出来，并把两者相结合的课程教学才能真正达到效果。①

教学相长规律。教学相长规律是贯穿教学过程发展的基本规律。教和学各自以对方的存在为自身存在的前提，二者相互依存、相互作用。"教学相长"这一教育思想最早可以追溯至战国后期。思孟学派的《礼记·学记》中指出，"是故学然后知不足，教然后知困。知不足，然后能自反也；知困，然后能自强也。故曰：教学相长也。""教学相长"是指通过在教学过程中学生不但要得到进步，教师自己也能得到提高。"相长"是对教学双方关系的客观要求和必然规定，对教与学双方都做出规定，即教要长学，学也需长教，二者辩证统一。从辩证法角度来看，教和学之间表现出矛盾关系，二者既对立又统一，既相互联系、相互渗透又相互转化。有学者对思想政治理论课教学过程中如何遵循教学相长这一规律做出了具体阐释：其一，教师和学生必须要互相尊重，在教学过程中能够体现出一种情感效应，处理好思想政治理论课教学过程中师生之间的感情。其二，教师和学生必须要相互学习，进而在教学过程中实现一种双边互补效应。其三，注重教学过程中的发展效应，其根本目的在于进步，在于发展，在于

---

① 余双好：《现代德育课程论》，中国社会科学出版社2003年版，第246—248页。

教学质量的提高。①

（二）思想政治教育的特殊规律

教学过程的特殊规律则指的是教学活动或教学过程的某一部分、某一方面或某一学科的本质的、必然的联系。思想政治教育本质上是使统治阶级思想成为占统治地位思想的过程。思想政治理论课具有鲜明的意识形态属性。马克思、恩格斯指出："统治阶级的思想在每一时代都是占统治地位的思想。这就是说，一个阶级是社会上占统治地位的物质力量，同时也是社会上占统治地位的精神力量。"② 高校思想政治理论课是思想政治教育的主渠道，是高校坚持正确的政治方向、践行立德树人宗旨的重要途径。开设思想政治理论课的教学目的就是落实立德树人根本任务，培养出一代又一代社会主义建设者和接班人。思想政治理论课教学要承担起立德树人根本任务，发挥在人才培养中的积极作用，就必须在教学过程中遵循思想政治教育的特殊规律。这里分别从宏观层面和微观层面去论述高校思想政治工作规律和思想政治品德形成发展规律。

高校思想政治工作规律。办好思政课，是党和国家的一项战略性工程。习近平总书记在全国党校工作会议上的重要讲话中指出："党校姓党，就是要坚持一切教学活动、一切科研活动、一切办学活动都坚持党性原则、遵循党的政治路线，坚持以党的旗帜为旗帜、以党的意志为意志、以党的使命为使命，严守党的政治纪律和政治规矩，坚持在党爱党、在党言党、在党忧党、在党为党，归根到底一句话，就是要在思想上政治上行动上自觉同党中央保持高度一致。"③ 习近平总书记这里的讲话虽然是针对党校的，但对于高校思想政治工作同样

---

① 石云霞：《高校思想政治理论课程建设史研究》，武汉大学出版社2006年版，第307—312页。

② 《马克思恩格斯选集》第1卷，人民出版社2012年版，第178页。

③ 习近平：《在全国党校工作会议上的讲话》，《求是》2016年第9期。

第二章 高校思想政治理论课教学过程优化的内涵和意义

适用。高校思想政治工作根源于社会生活，由一定的经济基础决定，思想政治工作规律总是与一定的社会生活和经济基础相匹配、相适应的。思想政治理论课是高校思想政治工作的主渠道、主阵地，因此，必须遵循高校思想政治工作规律。必须要遵循思想政治理论课教学为社会主义建设服务的规律、为社会政治导向服务的规律，意识形态教育规律，适度张力规律，各因素互相协作同向的规律，等等。

思想政治品德形成发展规律。思想政治教育的对象不是一般性的对象，而是有思想的对象。高校思想政治理论课教学活动作为思想政治教育活动的基本形式，显然要以大学生的思想品德的基本状况为根基，因而教育内容、教育方法要与受教育者思想品德的实际状况相适应，只有这样，思想政治教育的影响才能真正作用于受教育者，促使其思想品德逐渐升华。因此，思想政治理论课教学必须要遵循适应超越律。思想政治理论课教学过程要保证其有效性的发挥，归根到底取决于大学生的思想政治品德发展的客观要求。所谓适应超越律是指，教育者的教育活动必须适应社会发展及受教育者自身发展需要并适当超越这种适应的规律，是受教育者的思想政治品德形成发展的基本规律。当思想政治理论课教学活动同受教育者的思想政治品德状况相适合时，教育者所传授的教育内容、所实施的教育方法和所创设的教育环境就有利于大学生思想政治品德的发展，使受教育者逐步形成符合社会期望的思想政治品德，反之则会阻碍受教育者的思想品德的发展。[①] 适应超越律是适应与超越的辩证统一，既受学生身心发展的基本状况所制约，又能促进其身心发展。恩格斯在《路德维希·费尔巴哈和德国古典哲学的终结》中指出："就单个人来说，他的行动的一切动力，都一定要通过他的头脑，一定要转变为他的意志的动机，才

[①] 罗映光主编：《中国特色社会主义理论体系指导下的思想政治教育学原理》，中国出版集团、现代教育出版社2009年版，第388—389页。

能使他行动起来。"① 然而支配人们行动的动机,并不是人的头脑里固有的东西,而是"外部世界对人的影响表现在人的头脑中,反映在人的头脑中,成为感觉、思想、动机、意志,总之,成为'理想的意图',并且以这种形态变成'理想的力量'"②。因此,思想政治理论课教学过程的优化要符合学生的思想政治品德发展的基本规律。当然,与个体层面相关的思想政治教育规律还有很多,诸如阶段性与连续规律、共性和个性规律、思想转化递进律、适度张力规律等,将在下面的小节中进行详细论述。

（三）大学生成长成才规律

习近平总书记在全国高校思想政治工作会议上指出:"思想政治工作从根本上说是做人的工作,必须围绕学生、关照学生、服务学生,不断提高学生思想水平、政治觉悟、道德品质、文化素养,让学生成为德才兼备、全面发展的人才。"③ 大学生是思想政治理论课教学的主体,正处于人生的"拔节孕穗期",最需要精心引导和栽培。大学生的成长成才是有其自身规律的,它是指大学生成长发展中各种素质、影响因素之间所固有的、本质的、必然的联系,既包括身体组织器官的生理变化规律,也包括心理成长的规律,还包括人格完善规律,是一个多方面的复杂的规律体系。高校思想政治理论课教学过程要提高针对性和有效性,必须要遵循大学生的成长成才规律。笔者这里将其归纳为阶段性与连续性相结合的规律、共性和个性相统一的规律、内化和外化相统一的规律。

阶段性与连续性相结合的规律。首先,思想政治理论课教学过程具有明显的阶段性。我国著名教育家朱熹曾指出:"古之为教者,有

---

① 《马克思恩格斯选集》第4卷,人民出版社2012年版,第258页。
② 《马克思恩格斯选集》第4卷,人民出版社2012年版,第238页。
③ 《习近平在全国高校思想政治工作会议上强调 把思想政治工作贯穿教育教学全过程 开创我国高等教育事业发展新局面》,《人民日报》2016年12月9日第1版。

小子之学，有大人之学"①。"学之大小，固有不同，然其为道则一而已。是以方其幼也，不习之于小学，则无以收其放心，养其德性，而为大学之基本。及其长也，不进之于大学，则无以察夫义理，措诸事业，而收小学之成功。是则学之大小所以不同，特以少长所习之异宜，而有高下浅深先后缓急之殊"②。美国实用主义教育家杜威指出，人的心里是不断成长的东西，因此，在本质上是不断变化的。在不同的时期里，表现出不同的能力和兴趣的形态。儿童心理学家皮亚杰把建构主义的方法运用于儿童道德判断发展的研究中，得出的结论指出，儿童的道德判断发展是一个有阶段连续发展的过程，道德发展的每一个阶段都要求一定的逻辑思维水平与之相适应。科尔伯格在继承和吸收了康德、皮亚杰、杜威、鲍德温等关于道德发展理论的基础之上，将人的道德发展划分为"三水平六阶段"。高校思想政治理论课教学过程的受教育对象是大学生，该阶段的青年学生表现出明显的群体特点。当前高校大学生以"00后"群体为主，他们是"有理想、有本领、有担当"的青年一代，也是伴随互联网成长起来的新一代，他们有朝气、视野广、创新意识强，同时，在政治觉悟、价值观塑造、道德修养、文化素养和情感心理方面还需要一批健康成长的指导者和引路人的正确引导。因此，高校思想政治理论课教学过程的优化要以大学生的阶段性特点为前提，但在把握阶段性的同时也要注意其连续性。习近平总书记在学校思政课教师座谈会上指出："在大中小学循序渐进、螺旋上升地开设思想政治理论课非常必要，是培养一代又一代社会主义建设者和接班人的重要保障。"③因此，高校思想政

---

① 《晦庵先生朱文公文集》卷15，《朱子全书》（修订本），安徽教育出版社、上海古籍出版社2010年版，第691页。

② （宋）朱熹：《四书或问》，安徽教育出版社、上海古籍出版社2001年版，第1页。

③ 《习近平主持召开学校思想政治理论课教师座谈会强调 用新时代中国特色社会主义思想铸魂育人 贯彻党的教育方针落实立德树人根本任务》，《人民日报》2019年3月19日第1版。

治理论课教学过程的优化也要着眼于大学生的未来发展,注重思想政治理论课教学过程的一体化发展,注意不同学段间的衔接和连续发展。

共性和个性相统一的规律。辩证唯物主义认为,共性和个性相统一是人们制定正确思想路线、工作方法的基本依据。它决定了人们认识事物必须遵循由特殊到一般,再由一般到特殊的规律。大学生成长规律也符合共性和个性相统一的规律。共性是指新时代青年学生所具有的年龄和所处的时代所产生的群体特征。要积极探讨新时代背景下大学生思想政治素质形成发展规律,为高校思想政治理论课教学的顺利开展提供条件。个性是指由于个体生活成长的社会、家庭等背景,不同个体的思想状况、道德水准、心理素质方面等表现出的特殊性和差异性。此外,不同专业、不同年级、不同层次、不同学历仍属于个性的范畴。这就要求思想政治理论课教学针对不同专业、不同年级、不同层次的受教育群体在教学内容、学时上提出不同的要求。高校思想政治理论课教师在开展教学活动时,要具体问题具体分析,尊重每位学生的独特个性,采用恰当的方式、方法有针对性地展开思想政治教育工作。此外,大学生的成长成才还受内在因素和外在因素的共同制约。内在因素包括先天形成的素质和后天习得的思想、道德、法律、学识、见识、才能等;外在因素包括大学生成长的自然环境与社会环境,时代环境与社会需要,社会物质环境、家庭背景、地域等。

第二节 高校思想政治理论课教学过程优化的内涵及特征

要深入开展高校思想政治理论课教学过程优化研究,必须首先对"什么是高校思想政治理论课教学过程优化"这一基本问题有一个清晰的描述,这是开展本研究的基础和前提。

第二章　高校思想政治理论课教学过程优化的内涵和意义

一　高校思想政治理论课教学过程优化的内涵

什么是"优化"？《现代汉语词典》对"优化"的解释有以下几种：一是采取一定措施使变得优异；二是为了更加优秀而"去其糟粕，取其精华"；三是使某人、某物变得更优秀的方法、技术等；四是指通过算法得到要求问题的更优解。"优化"广泛地存在于生活、生产以及科研活动中。在现实生活中，人们总想要达到目标最优化。"最优化"源于应用数学的一个分支——运筹学或决策论，现今成为系统论、控制论中的重要概念。意思是基于一定的标准去探究最优教学方案，其目的是在最经济、最有效的前提下获得最好的效果。最优化的思想包含唯物辩证法的哲理，强调具体情况具体分析，反对一刀切。

20世纪70年代，苏联教育家尤·克·巴班斯基首次将最优化思想引入教育领域中，并创立教学过程最优化理论，开创了现代教育的新思路和新方法。已有研究在界定学科教学过程优化概念时多以尤·克·巴班斯基关于"教学过程最优化"的概念为理论基础，即认为教学过程最优化并非是某种特殊的教学方法或方式，而是要在系统地分析教学原则、内容特点、教学形式和方法、班级的特点及实际的学习可能性的基础上，自觉地和有科学根据地选择具体条件下最佳地组织教学过程的方案。① 如有研究指出数学教学过程优化的基本精神在于讲究教学的"效益"，即"高质量、低消耗"。② 还有观点认为地理教学过程的优化设计是指教师在上课前系统规划学习者地理学习过程的一系列设计思想和实践策略，以全面落实学生地理素质发展为根本宗旨，优化学生的地理学习过程为基本内

---

① [苏]尤·克·巴班斯基：《教学过程最优化——一般教学论方面》，张定璋等译，人民教育出版社2007年版，第55—56页。
② 傅海伦：《数学新课程教学论》，山东教育出版社2014年版，第212—213页。

容，通过设计如何让学生有效地参与地理学习活动来达成高效的、优化的地理学习过程，从而使学生获得地理知识、地理技能和地理情意的全面发展。

  这里，笔者认为"优化"是一种既合目的又合规律的整体和谐状态，是为实现教学目标或教学意图而采用的一套策略，它是内容诸要素的凝聚和重组的过程，是客观性与主观性、绝对性与相对性的统一。而高校思想政治理论课教学过程优化同样是一种整体和谐的状态，是思想政治理论课教学过程各要素结构相互作用的动态过程，同时还是创新和改革思想政治理论课教学的重要目标。思想政治理论课教学过程优化是指依据思想政治理论课教学目标和教学任务，遵循思想政治理论课教学规律和原则，制定一个适合于高校大学生思想政治理论课教学方案，从而推动思想政治理论课教学在规定时间内达到整体最优。它是以微观课堂教学过程的优化为主体，进而推进高校思想政治理论课教学过程实现整体优化，即以课堂教学过程的优化为基础，做到多个"小过程"的有机组合、"中过程"的协同、"大过程"的一致，在动态平衡中达到系统优化的总体目标。据此，笔者尝试对高校思想政治理论课教学过程优化的内涵进行界定。

  高校思想政治理论课教学过程优化是一种整体和谐状态。高校思想政治理论课教学过程优化是以特定时空中思想政治理论课教学过程的运行状况和实施效果为依据，在不断发现问题、分析问题、解决问题的循环过程中，实现教学过程的持续优化。它是高校思想政治理论课教学过程在特定时空中的存在方式，是基于教学过程系统内部和外部相互关联的基础上显现出来的客观面貌。高校思想政治理论课教学过程的优化内在地包含了要素间的有机组合、环节间的有效衔接、系统内外的良性互动，使高校思想政治理论课教学过程各方面关系处于整体和谐的良好状态。

第二章 高校思想政治理论课教学过程优化的内涵和意义

高校思想政治理论课教学过程优化是一种过程发展目标。从教学过程的维度来看，高校思想政治理论课教学过程内在地包含了教的过程与学的过程，实现高校思想政治理论课教学过程优化就是要实现教的过程优化与学的过程优化的统一，这是教学过程优化的目标。从教学的最终效果来看，过程的优化程度总是与教学效果密切相关的。之所以强调高校思想政治理论课教学过程优化，就是为了不断提高高校思想政治理论课的教学效率，获取最佳教学效果。

高校思想政治理论课教学过程优化是一种效果提升机制。从过程中我们可以看到事物的要素、事物的结构、事物的功能是如何产生的。对很多现象的解释，只能在一种动态的实践过程中去寻找。[①] 高校思想政治理论课教学过程优化需要全面剖析隐藏在现象背后的机制、规律与原则，包括对各要素、各环节之间是如何彼此关联、发生作用的原理探究，并在规律和原则探讨的基础上展开对高校思想政治理论课教学过程理论和实践的探讨。研究高校思想政治理论课教学过程及其优化规律，发现藏在偶然背后的必然性要素，科学预见其实现的可能性，预见高校思想政治理论课教学的趋势和前程，以更好地提高思想政治理论课教学的实效性与科学性。

高校思想政治理论课教学过程优化是一种具体操作方案。高校思想政治理论课教学过程优化需要依据思想政治理论课教学目标和教学任务，遵循一定的教学规律和原则，制定一个适合于高校思想政治理论课的教学方案，从而推动思想政治理论课教学在规定时间内达到整体最优。这个方案解决的是高校思想政治理论课教学过程如何优化的实践问题，包括确立高校思想政治理论课教学优化的具体目标、基本理念、实施方案等。

---

① 刘烨：《现代思想政治教育过程研究》，中国社会科学出版社2009年版，第1页。

二 高校思想政治理论课教学过程优化的特征

由于高校思想政治理论课教学过程是由一个多要素、多环节构成的系统结构，因此，对其进行的优化研究也具有多种类型和多种层次，表现出多种优化特征。系统工程学和管理学关于过程优化的类型和特征为界定高校思想政治理论课教学过程的基本特征提供了诸多理论借鉴。但同时，我们在描述高校思想政治理论课教学过程优化类型的特征时，绝对不能也无法简单机械地照搬工程学和管理学的优化理论，利用数理统计方法和生产操作数据或实验数据，建立过程的统计模型，借助最优化技术寻找最优的设计方案和实施方案。这主要是基于思想政治理论课教学过程存在以下特性：一是思想政治理论课教学过程优化问题的基本属性和基本要求。高校思想政治理论课教学过程的优化必须要立足于该课程的政治属性和价值属性，其最终目的是顺利完成教学任务，助力实现立德树人、铸魂育人，让受教育者在政治认同、道德修养、法治意识、文化修养等方面达到要求，引导学生坚定"四个自信"，做德智体美劳全面发展的社会主义建设者和接班人。二是高校思想政治理论课教学过程优化研究的关键问题。教学过程是教的过程和学的过程的辩证统一，其关键问题是"教"的过程优化和"学"的过程优化。因此，思想政治理论课教学过程优化研究的着重点在学生的"学"和教师的"教"上，教与学自身的优化状况很大程度上影响着思想政治理论课教学过程的整体优化状况。优化这一过程首先要遵循受教育者的认知发展规律，其次要优化思想政治理论课教师的教学行为，从而使教的过程和学的过程处于整体和谐状态，进而达到让每一个学生都能全面发展。三是优化的标准问题。"最优"的是相对的，它是指条件可能范围内的最优，一方面是特定的条件下，即一定的客观的物质条件下的最优，要求发挥师生最大的潜能；另一方面是一定时间精力之内的最优，既减轻负担，又提高质

第二章 高校思想政治理论课教学过程优化的内涵和意义

量。尤·克·巴班斯基关于教学过程最优化的标准可概括为两条：第一条是教学效果，第二条是时间消耗。[①] 四是优化的操作方法。学生在教学过程中发挥主体作用，教师在教学过程中发挥主导作用。教育者和受教育者都是活生生的个体，有着带有个性特点的认识规律、发展规律、运行规律，有着特殊的优化目标和研究论域。在论述这一问题时，无法准确区分这一过程优化的可行性论域和不可行性论域，也无法运用约束条件和约束方程来对它进行数理化限定，从而对教学过程设计、操作、评价等环节展开优化操作。高校思想政治理论课教学过程的优化多是从要素、结构、环节等方面去探究。因此，笔者对高校思想政治理论课教学过程的优化基本特征做出如下判断。

多维度优化。高校思想政治理论课教学过程的优化首先呈现出多维度的特点。管理学中的资源配置过程优化类型划分是依据其追求的效果指标是否单一来区分是单目标优化还是多目标优化。系统工程是按过程优化变量的数目来区分是单维优化还是多维优化。基于该研究思路，笔者认为高校思想政治理论课教学过程优化首先呈现出多维度的特点。这种多维度的特点表现在以下两个方面：一是高校思想政治理论课教学过程的优化目标是多维度的。根据课程的分类，普通高等教育的思想政治理论课教学过程可分为不同课程教学过程——马克思主义基本原理教学过程、习近平新时代中国特色社会主义思想概论教学过程、毛泽东思想和中国特色社会主义理论体系概论教学过程、中国近现代史纲要教学过程、思想道德与法治教学过程、形势与政策课程教学过程；根据不同学段、层次，又可分为小学阶段思想政治理论课教学过程、初中阶段的思想政治理论课教学过程、高中阶段思想政治理论课教学过程、大学阶段思想政治理论课教学过程（本科、硕

---

① [苏]尤·克·巴班斯基：《教学过程最优化——一般教学论方面》，张定璋等译，人民教育出版社2007年版，第58页。

士、博士思想政治理论课教学过程）；根据不同时段、范畴，又可以划分为整体教学过程、学年教学过程、学期教学过程、单元教学过程。因此，思想政治理论课教学过程的优化目标具有多样性。二是高校思想政治理论课教学过程的优化变量是多因素的。思想政治理论课教学过程是由不同要素相互联系、相互作用构成的，需要对其进行整体优化。对高校思想政治理论课教学过程展开优化研究，除了涉及思想政治理论课教学过程诸要素的优化、教学过程结构与功能的优化、教学过程运行环节的优化之外，教学环境、教学管理等外部因素的优化也很必要。高校思想政治理论课教学过程的优化是一种整体优化，是在实现教学过程中各个要素自身优化的基础上，关注要素之间的内在关联，使要素与要素之间相互匹配、有机统一、协同优化，从而推动高校思想政治理论课教学过程的最佳功能得以发挥。

动态优化。动态优化和稳态优化的划分是以过程优化当中的时间变量、过程变量、约束条件是否存在变动性为标准的。高校思想政治理论课教学过程是一种动态优化。首先从教学过程的构成要素来看。教师、学生等多种不同要素之间相互作用推动教学过程动态运行发展。即教学过程构成要素在运行的过程中，不断生成新的状态以推进下一步的发展，进而推动教学过程做出最优设计。其次是从教学过程的运行机制来看。矛盾是教学过程运行的内在动力。教学过程的矛盾推动教学过程的不断运行。教学过程中包含着多层次的矛盾，其中外部矛盾是指不断变化发展的社会要求与受教育者现有水平不满足社会要求的矛盾；教学过程的内部矛盾是教师、学生、教材之间的矛盾。多元矛盾相互交织，使教学过程呈现出动态性。最后从教学过程的基本关系来看。教学过程是教与学动态同一的过程，教与学通过对立同一的发生机制，亦即在过程中成就教学的关系、教学的存在。[1] 教与

---

[1] 张广君：《教学存在的发生学考察：一个新的视角》，《教育研究》2002年第2期。

第二章　高校思想政治理论课教学过程优化的内涵和意义

学之间的关系是统领着教学过程内部和外部的各类关系，产生现实影响和作用。就是在这种表层与深层关系结构的不断跃迁更替中，教学过程才有可能得以现实地展开。此外，个体的发展性、思想政治理论课知识体系的发展性、教学过程运行环境的变动性等都充分说明这一过程是一个由各要素相互联系、相互作用而实现的动态过程；高校思想政治理论课教学过程优化是一种动态优化，不仅表现在教学过程优化设计的动态性，还体现在教学过程优化操作和优化评价的动态性上。

当前优化与预备优化的统一。高校思想政治理论课教学过程的优化是当前优化与预备优化的结合。管理学中认为当前优化是针对当前已经存在的情况制定各种可行配置方案和寻找最优方案；预备优化则是针对将来的情况所进行的最优化设计。本研究分别从优化的出发点和原因及优化的目标进行分析。一方面，从高校思想政治理论课教学过程优化的出发点和原因来看，是基于多元化时代的现实考量，是建立在现实问题基础之上，针对新时代背景下高校思想政治理论课教学过程当中的意识问题、教材内容问题、教师队伍建设问题、体制机制完善问题、评价体系健全问题、环境氛围优化问题等现实状况。2019年8月，中共中央办公厅、国务院办公厅印发的《关于深化新时代学校思想政治理论课改革创新的若干意见》中明确指出，面对新形势新任务新挑战，有的地方和学校对思政课重要性认识还不够到位，课堂教学效果还需提升，教材内容不够鲜活，教师选配和培养工作存在短板，体制机制有待完善，评价和支持体系有待健全，大中小学思政课一体化建设需要深化，民办学校、中外合作办学思政课建设相对薄弱，各类课程同思政课建设的协同效应有待增强，学校、家庭、社会协同推动思政课建设的合力没有完全形成，全党全社会关心支持思政课建设的氛围不够浓厚。[①] 从这个层面来讲，高校思想政治理论课教

[①] 《中华人民共和国学校思想政治理论课重要文献选编》编写组编：《中华人民共和国学校思想政治理论课重要文献（选编）》（下册），人民出版社2022年版，第1529—1530页。

| 高校思想政治理论课教学过程优化研究

学过程的优化是一种当前优化。另一方面，办好思政课要放在世界百年未有之大变局、党和国家事业发展全局中来看待，要从坚持和发展中国特色社会主义、建设社会主义现代化强国、实现中华民族伟大复兴的高度来对待。高校思想政治理论课教学过程优化的根本目标是通过提高思想政治理论课的实效性来实现为党育人、为国育才，即努力培养一代又一代拥护中国共产党领导和我国社会主义制度、立志为中国特色社会主义事业奋斗终身的有用人才，"为人民服务，为中国共产党治国理政服务，为巩固和发展中国特色社会主义制度服务，为改革开放和社会主义现代化建设服务"①。也就是说，这一过程的优化是一种预备优化。当然，当前优化和预备优化并不是互不相关的两种优化类型，它们之间辩证统一。当前优化是预备优化的基础和前提，预备优化是当前优化的目标和方向，两者相辅相成、相互作用。

面上优化与机制优化的统一。面上优化是针对当前具体问题所进行的优化；机制优化针对的不是具体问题的优化，而是对同类问题的一种优化机理，这种优化机理是针对同类型问题所作出的一种过程优化方案。面上优化针对的是思想政治理论课教学过程中的具体问题，如对具体要素展开的优化研究，包括教师、学生、教学内容、教学形式、教学方法、教学原则等要素的优化研究。又如对教学过程中某个具体教学环节展开的优化研究，如教学设计环节、教学实施环节抑或教学评价环节等。机制优化是从理论层次对高校思想政治理论课教学过程优化当中的具体问题进行提炼分析。近年来，思政课教学的理论研究和实践活动科学化进程不断加快，研究方法更加多样，研究范式也更加成熟，更加注重将动态视角与静态视角相结合，更加注重探究隐藏在过程现象背后的机制和规律，更加关注理论研究和实际操作的

---

① 《习近平在全国高校思想政治工作会议上强调 把思想政治工作贯穿教育教学全过程 开创我国高等教育事业发展新局面》，《人民日报》2016年12月9日第1版。

科学性。此外，关于教学过程、思想政治教育过程、思想政治理论课教学过程已经形成了一套较为成熟的研究范式，即从静态视角探究思想政治理论课教学过程的构成要素，从动态视角关注高校思想政治理论课教学过程的运行环节，也更加注重对思想政治理论课教学过程背后的机制和规律进行探讨。这些尝试和探索为优化研究提供了理论参考和方向指导。因此，本研究认为高校思想政治理论课教学过程的优化是面上优化和机理优化的统一，二者之间是部分和整体、现象和本质的关系。

第三节　高校思想政治理论课教学过程优化的意义

恩格斯曾指出："一个伟大的基本思想，即认为世界不是既成事物的集合体，而是过程的集合体。"[1] 过程是一切事物变化发展的轨迹，是其动态的存在状态。对过程的研究可以揭示事物内部各要素相互作用的规律，从而为预测事物的发展和对其进行控制提供依据。教学活动以过程形态存在和发展，有着自身的规律性。对高校思想政治理论课教学过程展开深入探讨有利于揭示事物各要素间互相作用的内在规律，为更好地预测事物发展打牢基础。因此，高校思想政治理论课教学过程优化研究的意义重大，它既有利于更好发挥自身功能，也有利于加强和改进课程建设，还有利于全面提高高校人才培养质量。

一　有利于更好发挥高校思想政治理论课教学过程的功能

"功能"一词源于社会学，在《现代汉语词典》中被解释为事物

---

[1]《马克思恩格斯选集》第4卷，人民出版社2012年版，第250页。

或方法所发挥的有利作用。它指的是系统内部要素之间及系统与外部之间相互联系和作用所表现出来的能力。高校思想政治理论课教学过程的功能是其本身所具有的功效以及发挥这种功效能力的总称,就是高校思想政治理论课教学活动和系统对个体发展、社会发展所产生的影响和作用。

作为大学生思想政治教育的主渠道、主阵地,它的功能主要体现在政治导向、价值引领、情感陶冶和素质提升等方面。高校思想政治理论课教学过程是教育者依据课程的性质、教学的基本任务及受教育者的接受特点,有计划、有目的地引导学生学习马克思主义的基本原理、毛泽东思想和中国特色社会主义理论体系,了解和掌握中国近现代重大理论和现实问题、思想道德和法律知识等,使大学生学会运用马克思主义的立场、观点、方法去解决实际问题的过程。教学过程的根本目的是通过知识传授来培养人的,有着重要的政治功能、经济功能、文化功能。教学过程对受教育者的知识、能力、思想、道德等方面都产生积极影响。这一过程的理论知识、教学方式、教学行为等都为全面提高高校人才培养质量提供了必备条件。在教学过程中,教师应自觉将教书和育人结合起来,促进教育功能的最大发挥,使学生的思想道德素质得以充分提高。它不仅是大学生学习、掌握知识的过程,同时也是受教育者全面发展的过程。对高校思想政治理论课教学过程的优化问题进行探讨,深刻揭示了高校思想政治理论课教学过程的内在联系、本质规律,可以促进高校思想政治理论课教学过程系统化、有序化和科学化发展,推动教学评价由结果导向转向过程导向。不仅为高校思想政治教育教学研究提供了新的方法论,而且改变着思想政治教育工作者的思维方式,使思想政治理论课教师从系统的、综合的、整体的和动态的角度去观察和思考问题,有利于更好发挥教学过程的功能,满足理论发展和实践发展的需要。高校思想政治理论课教学过程优化研究的诸种视角，如信息传递视角、控制论视角等，为高校思想政治理论课教学过程功能的最大发挥提供理论和实践指导。再如，科学地分析要素、环节在高校思想政治理论课教学过程中的作用，调整协调思想政治理论课教学过程结构，对教学的整体功能所产生的影响；同时，关注学生学习思想政治理论课教学过程的思维规律，从而有助于保证教学中各种因素的配合得当，进而达到整体最优水平。总之，高校思想政治理论课教学过程的优化在推动更好发挥知识教育功能的同时，更为突出马克思主义的立场、观点和方法，在遵循教育教学规律、思想政治教育规律和大学生成长成才规律的基础上，最大可能发挥个体发展功能和社会促进功能，提高高校思想政治理论课教学过程的有效性和针对性。

二　有利于加强高校思想政治理论课建设

高校思想政治理论课的实效性是否理想，最终体现在课程的教学效果上。课程的教学效果反映课程建设的质量；思想政治理论课教学过程的优化研究必定会作用于高校思想政治理论课程建设。新形势下，加强和改进高校思想政治理论课课程建设意义重大。早在2005年，《中共中央宣传部、教育部关于进一步加强和改进高等学校思想政治理论课的意见》中就已经充分认识到新形势下加强和改进高等学校思想政治理论课建设的重要性，并进一步提出加强和改进高等学校思想政治理论课建设的具体实施意见。进入新时代以来，党和国家高度重视思想政治理论课建设。习近平总书记在学校思政课教师座谈会上指出，思想政治理论课是落实立德树人根本任务的关键课程。要从坚持和发展中国特色社会主义事业、实现中华民族伟大复兴的高度来认识办好思政课的重要意义。"我们办中国特色社会主义教育，就是要理直气壮开好思政课，用新时代中国特色社会主义思想铸魂育人。"① 新形势下,高校思想政治理论课课程建设意义重大。首先,从主体要素来看,高校思想政治理论课教师的优化是重中之重,着力建设一支可亲、可近、可靠的高校思想政治理论课教师队伍,造就一支政治强、业务精、作风硬的教学科研队伍,为加强和改进高校思想政治理论课课程建设奠定基础。同时还要充分把握大学生的群体特点,它是开展高校思想政治理论课的教学过程,实现过程优化的必要基础。这与新时期推进高校思想政治理论课建设要求不谋而合。其次,从内容要素来看,高校思想政治理论课教学过程优化是一种系统整体性的优化。不同课程之间相互衔接又各自独立,表现出整体与部分相统一的特征。再次,高校思想政治理论课教学过程优化有利于增强人本意识、生本意识。高校思想政治理论课的接受对象是大学生,高校思想政治理论课是对大学生进行思想政治教育的主阵地和主渠道,其教学目的是帮助大学生树立正确的世界观、人生观和价值观,从而培养和造就合格的社会主义建设者和接班人。高校思想政治理论课教学过程优化必须要坚持以人为本、以生为本的基本理念,密切联系大学生的生活实际,才能不断提高教育教学的针对性、实效性、吸引力和感染力。复次,高校思想政治理论课教学过程优化有利于强化学科意识,增强思想政治理论课教师的使命意识和责任意识。学科意识是加强和改进高校思想政治理论课的基础,通过马克思主义理论一级学科的建立,开展马克思主义理论体系研究,开展马克思主义发展史、马克思主义中国化研究,开展思想政治教育研究,奠定了学科生长和发展的依托,为思想政治理论课的长远发展提供了有力的学科支撑。使命意识和责任意识是思政课教师凝练学科方向、吃准吃透思

---

① 《习近平主持召开学校思想政治理论课教师座谈会强调 用新时代中国特色社会主义思想铸魂育人 贯彻党的教育方针落实立德树人根本任务》,《人民日报》2019 年 3 月 19 日第 1 版。

想政治理论课程的内容和精神、更好地完成教学任务、提高教学质量的基本前提。最后，对高校思想政治理论课教学过程科学内涵的解读能够充分反映时代发展趋势，始终走在时代潮流前面，这也与思想政治理论课建设的时代性特征是相吻合的。它要求教学必须紧密联系中国经济社会发展的具体实际，服务于现实世界和真实生活。

三 有利于全面提高高校人才培养质量

高等学校的四大基本职能包括人才培养、科学研究、服务社会、文化传承创新。而人才培养是高等学校教育的首要职能。高等教育的根本任务和使命在于人才培养，在任何时候、任何情况下都不能忽视人才培养质量。教学是人才培养的基本途径，教学质量的提高是提高人才培养质量的关键。不断优化教学过程可以提高教学质量，进而提高人才培养质量。对高校来说，一切工作都要围绕人才培养，都要为学生的健康成长服务，在任何时候、任何情况下都不能忽视人才培养质量。高校思想政治理论课教学工作是高校思想政治工作教学内涵发展的重要标志。作为一门国家课程，高校思想政治理论课教学的顺利开展至关重要，关系到高校人才培养的性质和质量。首先，各环节之间的衔接程度是过程优化的重要指标，各环节顺畅衔接是保障人才培养质量的关键。在以往的高校思想政治理论课教学过程当中，或多或少地存在教学理念落后、教学方法单一、教学内容陈旧、教学评价体系不合理等问题。而高校思想政治理论课教学过程优化的重点就在于设计科学的教学过程运行环节，提高各教学环节之间的衔接程度，以更好地完成培养目标，稳步提升人才培养的质量。其次，对学生学习状态和学习效果进行评估是高校教学质量管理的一项重要措施。课堂教学是提高高校教学质量众多要素中最为核心的环节，而学生的学习情况是课堂教学情况的重要体现。完善高校思想政治理论课教学质量的评估环节，对于提高高校思想政治理论课教学质量有着重要意义。高校教学质量既包括教师"教"的质量，也包括学生"学"的质量，两者是有机的结合，教师在教学中只是起着引导的作用，学生才是学习的主体。受教育者是教育教学过程最直接的参与者和体验者，也是反映教学质量优劣的最终体现者。因此，对高校教学质量评估就要把学生的学习满意度作为根本的落脚点。通过对大学生学习满意度的调查和评价，可以把学生思想政治理论课学习过程中遇到的问题反馈给学生，让学生更加了解自己的学习质量，根据存在的问题不断改进学习方法或调整学习状态，促进良好学习习惯的养成。大学生的学习满意度很大程度上反映了教师的教学质量。教师可以通过分析学生学习满意度所反馈的信息，了解自身的教学效果，归纳教学中存在的问题，扬长避短，查缺补漏，在改进中提高教学效果。这恰好符合高校思想政治理论课教学过程优化研究的出发点和落脚点。最后，高校思想政治理论课课堂教学过程的优化注重理论清晰、重点突出、难度适当。教学内容要有系统性、前瞻性和实用性；教学方法要注意变通性、灵活性，尤其关注学生学习能力的提升。此外，还要注重在实践教学环节的安排上。注重实践教学过程的设计、实施，做到符合人才培养的实际。提高受教育者在现实场景中发现实际问题、分析问题、创造性解决问题的能力。此外，高校思想政治理论课教学过程优化研究还注重推进思政课程和课程思政的协同优化，注重通识课程作用的协同发挥，较为有力地推动高校德育课程的深化改革，进而通过提高教学质量提高高校人才培养质量，健全整个高校人才培养体系。

第三章

高校思想政治理论课教学过程优化的要素与结构

要素与结构分析是实现高校思想政治理论课教学过程优化的前提。它主要解决的是"高校思想政治理论课教学过程优化什么"的问题。明晰高校思想政治理论课教学过程优化的对象，是实现高校思想政治理论课教学过程优化的重要内容。思想政治理论课教学过程是一个由不同要素有机结合构成的结构体系，思想政治理论课教学过程优化的内部动力来自不同要素及其相互作用。因此，本章着重探讨高校思想政治理论课教学过程优化的要素与结构问题，以从理论上阐明高校思想政治理论课教学过程优化的主要内容。

第一节 高校思想政治理论课教学过程优化的要素

所谓要素是按照确定方式联结成系统的组成成分、因素、单元。现代系统论认为，系统由要素构成，要素是构成系统的必要成分。高校思想政治理论课教学过程作为一个系统整体，是由多种要素共同构成的。

高校思想政治理论课教学过程优化的要素是指通过要素自身的优

化或者要素之间关系组合调整，能够产生高校思想政治理论课教学过程优化动力的主要因素。"矛盾着的对立面又统一，又斗争，由此推动事物的运动和变化。"① 教学过程的矛盾是推动教学过程运动与发展的动力源泉。高校思想政治理论课教学过程是一个充满矛盾的系统，其中包括社会与个体之间的矛盾、教育者与受教育者之间的矛盾、教育者与教学内容之间的矛盾、受教育者与教学内容之间的矛盾等多个方面的矛盾，它们处于不断的发展变化之中，因而推动其优化的因素有很多，有社会因素也有个体因素、有内部因素也有外部因素、有物质因素也有精神因素等。各种矛盾辩证运动，不断打破和重新确定系统中稳定和不稳定的平衡状态，推动高校思想政治理论课教学过程不断向前。高校思想政治理论课教学过程的基本要素是构成高校思想政治理论课教学过程系统的元素或因子，对其进行分析是确证高校思想政治理论课教学过程优化的基本前提。教学过程要素的研究为高校思想政治理论课教学过程研究奠定了理论基础。学界关于教学过程要素的研究众说纷纭、各执己见，包括三要素说、四要素说、五要素说、六要素说、七要素说、八要素说、九要素说、要素层次说等。具体观点如表3-1所示：

表3-1　　　　　　　教学过程要素研究学说②

观点	内容	出处
三要素说	教师、学生、教学内容	南斯拉夫教育家鲍良克《教学论》，国内顾明远、钟启泉持此观点

---

① 《毛泽东文集》第七卷，人民出版社1999年版，第213页。
② 辛朋涛：《检讨教学过程要素学说的逻辑学视角》，《上海教育研究》2010年第12期。

第三章 高校思想政治理论课教学过程优化的要素与结构

续表

观点	内容	出处
四要素说	教师、学生、教学内容、教学手段	南京师大教育系主编的《教育学》
五要素说	教师、学生、目标、媒介、教学检查	德国教学论学派提出
六要素说	教师、学生、目标、课程、教法、环境	田慧生主编的《教学论》
七要素说	教师、学生、目的、课程、方法、环境、反馈	李秉德主编的《教学论》
八要素说	教师、学生、目标、教材、进度、方式、环境、评鉴	林生传的《新教学理论与策略》
九要素说	教师、学生、物质条件、精神条件、目的、内容、方法、形式、评价	吴文侃主编的《比较教学论》
要素层次说	多层次、多侧面	张楚廷的《教学论纲》
九要素说	2+2+5，即教学活动的主体（教师、学生），教学活动的条件（物质条件和精神条件），教学活动的过程（教学目的任务、教学内容、教学方法和手段、教学组织形式和教学效果的检查评价）	吴文侃主编的《比较教学论》

在直接对思想政治理论课教学过程要素的研究中，学者们多是基于主体要素、客体要素、介体要素、环体要素的分类来阐释。

思想政治理论课环体又称为思想政治理论课教学环境，它是指影响思想政治理论课教学活动的一切外部要素的总和。它决定着教学可能性向现实性转化的程度，并作为一种不可或缺的要素，对高校思想政治理论课教学过程主体的决策与实施、介体的选择发挥着重要作用。一般认为，高校思想政治理论课的教学环境是由宏观环境、中观环境、微观环境构成的整体。宏观环境主要是指社会政治环境、文化

· 71 ·

环境、经济环境；中观环境介于宏观环境、微观环境之间，主要是指社区环境；而微观环境主要是指家庭环境、工作环境、学校环境以及人际环境等。高校思想政治理论课教学过程系统已经形成了一个由众多要素构成的、在一定结构形式下按照一定的机制运行并同外部环境发生着互动关系的、具有特定功能的社会有机系统。环体要素对于高校思想政治理论课教学过程的整体优化意义鲜明，它影响着教学效果与向现代化转化的程度，影响着教学主体、教育介体作用的发挥。当前，数字化、智能化时代的飞速发展使高校思想政治理论课的教学环境更加多元化、复杂化，抖音、微博、微信、论坛等成为大学生思想政治教育的微观环境，并逐渐作用于现实，形成新型的教育环境，成为影响新时代高校思想政治理论课教学过程的重要因素。但需要注意的是，关于环体要素是否成为思想政治理论课教学过程的基本要素，目前仍然存在争议，但无论分歧如何，高校思想政治理论课教学过程的基本要素都离不开主体要素、客体要素、介体要素。

教学过程的主客体之争一直是学界关注的重点和热点问题，因此，这里有必要对高校思想政治理论课教学过程中的主客体问题做简要分析。"主体"在哲学当中是一个关系概念，相对于客体而存在。主体是实践活动和认识活动的承担者。主体性是人作为活动主体的质的规定性，是人在实践活动和认知活动所表现出来的自主性、能动性和创造性。20世纪80年代以后，"主体""主体性"等概念从哲学发展到教育学。高校思想政治理论课教学过程中是否存在主体和客体？答案是肯定的。任何教学过程都是由主体承担、发动和组织的教学活动，教学主体的存在是教学活动展开的前提。但同时，学界关于教学过程主客体的看法一直存在分歧，具有代表性的观点有单主体论、双主体论、多主体论、相对主体论。笔者认为，高校思想政治理论课教学过程中的主体是教育者，客体是受教育者。原因有以下几点：一是基于哲学范畴中关于主体的界定。哲学范畴中主体是有目的、有意识

第三章　高校思想政治理论课教学过程优化的要素与结构

的从事实践活动的人。在高校思想政治理论课教学过程中，教育者是教学活动的发动者、组织者和承担者，是将马克思主义理论知识传授给学生的主导者，是高校思想政治理论课教学过程展开的必备因素，在高校思想政治理论课教学过程中发挥着特殊的主体性，旨在通过帮助青年大学生树立正确的世界观、价值观、人生观，促使他们科学地运用马克思主义立场、观点和方法解决各种现实思想和理论问题。由此可见，教育者是思想政治理论课教学过程的主体，受教育者是承担教育影响的对象。二是基于思想政治理论课教学过程的特殊属性。思想政治理论课教学是对大学生开展思想政治教育的主渠道和主阵地。思想政治理论课教师既承担着知识教育的责任，也承担着思想政治教育的主要任务，这就要求思想政治教育的主体只能是代表社会主导意识形态的教育者，要具有鲜明的阶级性、使命性、自觉性、创造性等特征，以思想政治理论课程内容为载体向受教育者传授理论知识，引导大学生树立正确的世界观、人生观和价值观。虽然思想政治理论课教学过程中的受教育者表现出明确的主体性，有自主性、能动性和创造性的发挥，但受教育者仍是具有主体性的客体，无论它本身的主体性如何彰显，主体不能等同于主体性，它仍然是思想政治理论课教学过程中的客体。三是基于教学过程是教的过程和学的过程的辩证统一的性质。从教和学两个角度分析教学过程而形成的双主体的观点虽然说明了教师和学生的地位和作用，但对于既包含教师教又包含学生学的教学过程而言，无法清晰解释出二者相互依存与有机集合的过程，因而对高校思想政治理论课教学过程优化研究的指导意义不大。因此，本研究认为高校思想政治理论课教学过程优化的主体要素是教育者，客体要素是受教育者。介体要素主要包括内容要素和方法要素，它们在高校思想政治理论课教学过程中发挥中介作用，是教育者与受教育者的相互作用、产生对象性关系的媒介、中介，是高校思想政治理论课教学过程顺利展开的载体。基于此，本节将着重从主体要素、客体要素、介体要素三个方面来对高校思想政治理论课教学过程优化的要素进行分析。

一 高校思想政治理论课教学过程优化的主体要素

在哲学视域来看，主体是一个关系概念，相对于客体而存在，主体是指对客体有认识和实践能力的人，是客体存在意义的决定者。邓小平指出："一个学校能不能为社会主义建设培养合格的人才，培养德智体全面发展、有社会主义觉悟的有文化的劳动者，关键在教师。"[①] 列宁指出："在任何学校里，最重要的是课程的思想政治方向。这个方向由什么来决定呢？完全而且只能由教学人员来决定。"[②] 习近平指出："办好思想政治理论课关键在教师，关键在发挥教师的积极性、主动性、创造性。"[③] 教师是教学过程优化的核心要素，是思想政治理论课教学活动的承担者、组织者、发动者、实施者、管理者，是将马克思主义理论知识传授给学生的主导者，在教学过程中发挥着特殊的主体性，是教学过程展开的核心要素之一。主体要素是高校思想政治理论课教学过程优化的核心要素，其他要素的优化都是以这一对核心要素的基本情况为依据的。主体性是指人在其对象性活动中所表现出来的积极性、能动性、创造性等属性和特征。[④] 充分发挥高校思想政治理论课教学过程优化中主体要素的主体性，是实现高校思想政治理论课教学过程优化的关键。

从一般意义上讲，思想政治理论课教师首先要具备优秀教师的基本特征：要具备良好的语言能力、必要的教育理论知识、深厚的学科

---

① 《邓小平文选》第二卷，人民出版社1994年版，第108页。
② 《列宁全集》第45卷，人民出版社1990年版，第249页。
③ 《习近平主持召开学校思想政治理论课教师座谈会强调 用新时代中国特色社会主义思想铸魂育人 贯彻党的教育方针落实立德树人根本任务》，《人民日报》2019年3月19日第1版。
④ 杨威：《思想政治教育发生论》，中国社会科学出版社2009年版，第198页。

第三章　高校思想政治理论课教学过程优化的要素与结构

理论知识和较为丰富的教学经验等。[①] 但同时，高校思想政治理论课教师在教学过程中要具有以下三个方面的特征：一是要具有阶级性。高校思想政治理论课教学活动具有意识形态属性，要求思想政治理论课教师本身需要具备良好的政治素质，必须要有正确的政治立场和坚定的政治方向，以习近平新时代中国特色社会主义思想为根本遵循，以正确的政治观点弘扬主旋律、传递正能量，更好地担当起大学生健康成长的指导者和引路人的责任。正如马克思、恩格斯在指出构成统治阶级的个人在加强和巩固统治阶级在思想上发挥的重要作用时提到："既然他们作为一个阶级进行统治，并且决定着某一历史时代的整个面貌，那么，不言而喻，他们在这个历史时代的一切领域中也会这样做，就是说，他们还作为思维着的人，作为思想的生产者进行统治，他们调节着自己时代的思想的生产和分配；而这就意味着他们的思想是一个时代的占统治地位的思想。"[②] 二是具有主导性。主导性是一种关于人作为某种活动的主体的本质规定性。主体的主导性更多地以积极性、能动性、创造性特征来呈现，主要表现在个体的对象性活动中。[③] 主导性是指引领全局发展，保持引导事物的主要方向、方面和重点的特性及居于主要引导作用的特性。教师的主导性是由主体地位而派生。首先，高校思想政治理论课教师的主导性着重体现在开展教学活动中所处的主导和作用上。教师是思想政治理论课教学活动的组织者、实施者和掌控者，体现在高校思想政治理论课教学目标的确立、教学方案的制定、教学内容的实施上，表现在知识传授方面、思想教育方面、能力培养、信念培养等方面的引导上。其次，高校思想政治理论课教师的主导性体现在主体与客体的双向互动中的引

[①] 全国十二所重点师范大学联合编写，裴娣娜主编：《教学论》，教育科学出版社2007年版，第208页。
[②] 《马克思恩格斯选集》第1卷，人民出版社2012年版，第179页。
[③] 杨威：《思想政治教育发生论》，中国社会科学出版社2009年版，第198页。

| 高校思想政治理论课教学过程优化研究

导性上，如对主客体关系的调适，引导和激发学生的学习动机和兴趣，受教育者思想观念的内化与外化等。三是具有客体性。高校思想政治理论课教师在特定条件下表现出对象性和客体性的特征。主体在认识和改造客体的同时，也受到客体的制约和反作用。这主要表现在三个方面：其一，高校思想政治理论课教学过程中的受教育者是具有主观能动性的个体，在教学过程中表现出能动性和主体性，具有自主学习能力、合作学习能力和探究学习能力。受教育者对教育者传授的知识和内容，也是有选择性地接受和吸收。其二，受教育者之间存在个体差异性。不同类型、不同层次的受教育者之间具有明显的不同，即使是同一类型和同一层次的受教育者之间也有明显不同。这就要求在高校思想政治理论课教学过程中，教育者要因材施教，根据教学对象的认知、情感、行为的实际发展状况来主动适应和调整，以提高思想政治理论课教学过程的针对性和有效性。其三，高校思想政治理论课教学过程总是在实际环境当中进行，必定会受到现实环境的影响和制约。马克思指出："人创造环境，同样，环境也创造人。"[①] 尤其是伴随着数字时代的飞速发展和快速迭代，高校思想政治理论课教学过程的环境愈加复杂，思想政治理论课教学活动无时无刻不受现实环境的影响，教育者主体性的发挥也要受教学环境的制约，不是为所欲为的。此外，高校思想政治理论课教学过程优化的主体作用还表现在其自身创造性、超越性上，其中创造性是指在高校思想政治理论教学过程中勇于探索、开拓创新，具有创新精神和创新能力；超越性是指在教学过程中，既要遵循受教育者的个体状况，又要适度超越现实情况，以未来社会需要为标准来培养受教育者。[②]

总之，主体要素是高校思想政治理论课教学过程优化的核心要

[①] 《马克思恩格斯选集》第1卷，人民出版社1995年版，第92页。
[②] 杨威：《思想政治教育发生论》，中国社会科学出版社2009年版，第198页。

素。思想政治理论课教师既是教学内容的组织者、讲授者，又是教学方法的实施者，充分发挥高校思想政治理论课教学过程优化中教育者的主体作用，是实现高校思想政治理论课教学过程优化的关键。

二　高校思想政治理论课教学过程优化的客体要素

高校思想政治理论课教学过程优化的客体是与主体相对应的，是主体作用的对象，即高校思想政治理论课教学过程中的受教育者。这里的主客体划分区别于哲学中人与自然的主客体划分，即高校思想政治理论课教学过程的客体不是从人与物的关系来划分，而是从人与人的关系来划分。[①] 笔者从客体的主体性、客体的客体性及客体的可塑性等方面来阐释其特征。

其一，客体的主体性是指受教育者在接受影响的过程中表现出来的能动性、自觉性和自律性。大学生是高校思想政治理论课教学过程的能动的参与者，在高校思想政治理论课教学过程中处于客体地位，但同时表现出鲜明的主体性。学生的主体性更多的是指学生在教师指导下主动开展学习活动中所表现出来的主观能动性。它来源于学习动机、学习兴趣及价值观的推动和支配，既表现在对外部信息的选择上又表现在对信息的内化上。瑞士心理学家皮亚杰的认识发生论认为主体的实践活动是所有知识的起源，认识主要是基于个体活动的内化而形成的。顾明远指出，学生是活生生的具有能动性的人，具有独立的思维特征和自我意识，在教学过程中不是被动接受教育的，具有主观能动作用，一切教育影响都要通过学生自身活动，才能被学生接受。在教学过程中既要把学生看作接受教育影响的对象，又要高度重视其本身所具有的主体性作用，把其看作教

---

① 教育部思想政治工作司组编：《思想政治教育原理与方法》，高等教育出版社2010年版，第85页。

高校思想政治理论课教学过程优化研究

育过程的主体。因此，推进高校思想政治理论课教学过程的优化，要善于把握大学生的认知结构、情感和意志等要素，善于激发大学生思想政治理论课教学过程的学习动机以激发其主体性的发挥。尤·克·巴班斯基指出，为了顺利体现社会主义学校中教学的目的成分，必须遵循教学过程旨在使学生个性全面和谐发展的方向性原则。这个原则要求教师在教学过程中明确方向：既要使学生掌握知识和技能，又要同时对学生进行思想政治教育、道德教育、劳动教育、体育、美育，并且发展他们的能力和知、情、意方面的个性品质。① 教学过程的本质可以表述为学生在一个个过程中渐次完成不同教学任务，不断达到不同层次教学目标的实践活动。其中大学生主体性的发挥是顺利完成这一实践活动的重要推力。高校思想政治理论课教学过程优化的目的在于提高大学生的接受效果，进而内化为大学生自身的认知体系、价值体系、信仰体系，但思想政治素质无法直接作用给大学生，需要帮助受教育者优化认知图式，并在其自身原有的知识经验、心理结构、理想信念、认知水平的基础上引导他们主动参与和践行整个学习过程。其二，客体的客体性主要体现为受教育者在高校思想政治理论课教学过程中的受动性和受控性。高校大学生相对于社会的要求、教学目标的要求和教师的认识来说，都处于一种被指导、被支配的从属地位，他们在接受高校思想政治理论课教学引导时，一般都处于一种被动状态。大学生的世界观、人生观、价值观不会自发生成，需要教育者依据一定社会的思想品德要求和大学生思想品德形成发展的规律，借助有目的、有计划、有组织的教学活动，推动大学生思想、行为发生变化。其三，客体的可塑性。虽然受教育者在教学过程中具有主体性和能动

---

① [苏]尤·克·巴班斯基：《教学过程最优化——一般教学论方面》，张定璋等译，人民教育出版社2007年版，第25页。

性，但是大学生的学习能力是一个逐步形成的过程，特别是世界观、人生观、价值观仍需引导和栽培，他们还不具备完全独立的学习能力和辨别能力，需要教育主体的引导。受教育者的可塑性是指受教育者的思想品德可以经过教育的引导发生符合社会要求的变化。大学生正处于人生的"拔节育穗期"，最需要精心引导和栽培。受教育者的可塑性既为高校思想政治理论课教学活动的开展提供可能，也凸显了正面引导和教育的重要性，是高校思想政治理论课教学活动存在并开展的内在依据。[①]

三 高校思想政治理论课教学过程优化的介体要素

中介性是介体要素的基本特点，具体表现为不同事物或同一事物内部不同要素之间的连接性和传导性。高校思想政治理论课教学过程中主客体关系的建立，需要介体要素相联，在一定程度上可以说介体要素是制约教学过程能否顺畅完成的关键。因此，探讨介体要素的优化问题对于建立高校思想政治理论课教学过程的优化机制具有重要意义。高校思想政治理论课教学过程的介体要素是构成高校思想政治理论课教学过程的元素或因子，是教学过程优化得以开展的最核心、最基础的因素。综合前文分析，笔者这里着重探讨高校思想政治理论课教学过程的内容要素和方法要素。

内容要素是高校思想政治理论课教学过程中教学活动与学习活动相互作用的重要载体，是教师传授给学生的知识、灌输的思想和观点、培养的行为和习惯的总和。它是教学目标的具体化，是实现高校思想政治理论课教学目标的依托。教学过程的实现必须有同目标相符合的内容要素。尤·克·巴班斯基在论述教学过程最优化时，从辩证

[①] 孙爱春、牛余凤主编：《思想政治教育原理与方法》，光明日报出版社2018年版，第125页。

高校思想政治理论课教学过程优化研究

的系统方法出发，将教学看成是一个由人、物和过程组成的系统。①人，即教师和学生，物即指教学过程中除了教师和学生之外的客观因素，在这里指的就是教学内容要素和教学方法要素，其中开展教学过程需要以教学内容为依托。高校思想政治理论课的教学内容呈现出明显的结构层次性，包括马克思主义基本原理的内容体系、马克思主义中国化的理论成果的内容体系、中国近现代史的内容体系和以大学生个体运用马克思主义理论改造主观世界和客观世界相关的内容体系。高校思想政治理论课教学过程是以思想政治理论课教学内容要素为中介的信息活动过程。教学内容是教师和学生共同作用的对象，主要包括教材内容体系和教学内容体系。

毛泽东指出："我们不但要提出任务，而且要解决完成任务的方法问题。我们的任务是过河，但是没有桥或没有船就不能过。不解决桥或船的问题，过河就是一句空话。不解决方法问题，任务也只是瞎说一顿。"② 教学过程的顺利开展需要恰当的方式方法来支撑，学习过程需要通过相应的方法要素来实现。教学方法是教师向学生传递教学内容的中介，是使教师、学生和教学内容产生联系的媒介。它将教学过程中的目标要素、主体要素、内容要素等联系起来，并使之相互联系和作用。马克思主义哲学认为，中介是客观事物转化和发展的中间环节，是事物转化或发展的中间阶段。高校思想政治理论课教学过程优化需要教师选择某种策略或方法准确呈现学习内容，以确保高校思想政治理论课教学过程达到计划中的教学标准。学生也需对教学方法的优化进行回应，积极采取一定的学习策略和方法组织学习过程，对教学过程进行积极呼应。

介体要素的优化在高校思想政治理论课教学过程优化中具有重要

---

① 闫承利：《教学最优化通论》，教育科学出版社1992年版，第9页。
② 《毛泽东选集》第一卷，人民出版社1991年版，第139页。

作用。介体要素是实现不同事物或同一事物内部不同要素之间相连与传导的重要因素。教师主导和学生主体关系的建立离不开一定的介体要素来建立中介联系。微观层面的高校思想政治理论课教学过程的优化是教育者作用于受教育者的结果,而内容要素和方法要素则发挥"纽带和桥梁"作用。有学者指出,在思想政治教育发生的进程中,要特别注意思想政治教育的内容要素和载体要素。其中内容是思想政治教育主体与客体发生作用的基本信息,载体是思想政治教育主体向客体输出教学内容的途径、方式、渠道等。[①] 本研究是以高校思想政治理论课的微观教学过程为主要研究对象的,因此着重强调教学内容和教学方法在高校思想政治理论课教学过程优化中的重要作用,即主要关注教材要素的优化,教学内容体系的优化;包括教学组织形式、电子教学媒体、教学语言、教学艺术风格、课堂管理技术及社会实践等在内的教学方法的改进和创新。专注于介体要素的优化,才能打通"主体"与"客体"之间的通道,节约成本,实现高校思想政治理论课教学过程的预期目标。

以上分析了高校思想政治理论课教学过程优化的主体要素、客体要素、介体要素。接着需要进一步确证高校思想政治理论课教学过程优化的关键变量。之所以确证高校思想政治理论课教学过程优化的关键变量,是由于高校思想政治理论课教学过程构成的多因素性、多环节性、多情境性、多变性,在高校思想政治理论课教学过程优化研究中不可能对这一纷繁复杂的系统展开无所不包的全面分析与优化,这既不可能也没必要。在教学过程的优化研究中,确保关键变量的联系质量,遵照这些联系所反映的规律,使高校思想政治理论课教学过程符合教育者的教学规律、受教育者的接受规律及教学活动的动力生成规律,就可以使高校思想政治理论课教学过程的优化事半功倍。因

---

① 杨威:《思想政治教育发生论》,中国社会科学出版社2009年版,第220页。

此，确定变量因素、厘清系统边界、明确优化重点，是高校思想政治理论课教学过程系统优化的关键步骤。"变量"这一概念来源于数学学科，是计算机语言中能储存计算结果或能表示值的抽象概念。所谓教学变量，也就是影响教学质量的因素，是决定教学质量的原因。在这里，变量指的是影响教学过程优化效果的因素。这就要求我们审视哪些是高校思想政治理论课教学过程的决定性因素？或者说哪些变量决定高校思想政治理论课教学过程？学者们关于教学过程变量的分类为高校思想政治理论课教学过程优化变量的分析提供理论参考。日本学者广冈亮藏依据"教学过程是让学习者学会一个单位教材的过程"的定义，判定教学过程的主要变量包括"学习者""单位教材""教学目标"。"学习者"变量主要关注他们的年龄特征、学习方式、行为水平等因素。"单位教材"变量主要关注教材类型，包括关于语言、数量、类的符号教材，关于自然、社会的知识内容的教材，关于造型、音乐的艺术教材，关于身体动作和操作的技术教材等。"教学目标"变量主要关注指向，包括关注系统知识的掌握、操作能力的形成、个体能力的提高等。三种变量之间构成的逻辑关系是"谁（学习者）学习什么（教材），到达何处（教学目标）"[①]。尤·克·巴班斯基将教学过程的变量划分为"实际学习可能性"和"外部条件"两种。其中"实际学习可能性"是指学生在教师指导帮助下所能达到的那种较高的水平为根据。"外部条件"是指"教学物质条件、卫生条件、道德心理条件和审美条件"[②]。美国著名教育学家布卢姆在继承卡罗尔的学校学习模式以及有关变量的研究成果的基础上，对教学过程的所有变量进行了深入研究，提出学校学习理论包含三个主要

[①] 钟启泉：《教学最优化研究入门（代结束语）最优化教学模式的探索——广冈亮藏的教学最优化思想》，《外国教育资料》1986年第2期。
[②] [苏] 尤·克·巴班斯基：《教学过程最优化——一般教学论方面》，张定璋等译，人民教育出版社2007年版，第76—77页。

变量：学生对所要完成的学习已具有的必要条件的程度（先决认知行为）、学生被促动专心于学习过程的程度（先决情感特点）、教学适应学习者的程度（教学质量）。这三大变量会决定成绩水平和种类、学习速率和学习者的情感结果这样的学习结果。[①] 国内学者们大都将教学过程的变量划分为自变量和因变量。其中自变量包括构建学习主体、教师的工作态度、学生的态度、教学方法、对教学教材的科学处理能力、学生主动参与学习的程度、学生对学习的态度、学生对教师的态度、学生的学习能力和心理状态、学生的学习质量；因变量包括学生的学习效果，即知识的掌握、智力的发展、学习积极性的提高，和教师对教材和学生的理解加深等。还有少数学者将其划分为先在变量、过程变量、结果变量及环境因素。

教学过程需要经常反思"学生学得怎么样"，学生的学习效果是教学过程的出发点和落脚点。高校思想政治理论课教学过程的运行动力来自教师的教和学生的学二者的相互作用。因此，在高校思想政治理论课教学过程的多对矛盾之中，"教师教"与"学生学"构成了高校思想政治理论课教学过程的基本矛盾，二者之间互为因果、相互联系、相互作用。据此，"教师教"和"学生学"的优化研究是推动高校思想政治理论课教学过程优化的核心论域、关键论域。二者相互作用、辩证统一构成高校思想政治理论课教学过程。"教师教"和"学生学"是思想政治理论课教学过程的两大组成部分。教学过程的开展要遵循学生的学习规律，以学生的学习需要、认知水平、认知方式、学习行为、学习期待等为依托。在现实教学过程中，教师与学生之间在生活经验、教学理解、基本认知和个体需求等方面存在矛盾与分歧，这种矛盾和分歧是推动思想政治理论课教学过程的原动力，

---

① 冯克诚总主编，[美] B. S. 布卢姆：《目标分类和掌握学习思想与论著选读——附 J. H. 布洛克》，中国环境科学出版社、学苑音像出版社2006年版，第88页。

也是影响教学过程优化的两大要素体系。因此，本研究认为，"教师教"和"学生学"是思想政治理论课教学过程优化的两个基本维度。教师、学生作为两大核心要素，是优化高校思想政治理论课的关键变量。其中影响"教师教"的变量主要有教学目标、教学内容、教学方法、教学评价；影响"学生学"的变量主要有学习期待、学习需要、认知方式、认知水平，二者之间存在因果联系、控制联系、相互作用的关系，主要表现为教学目标与学习需要、教学内容与认知水平、教学方法与认知方式、教学评价与学习期待等要素之间的内在关联、相互联系及作用。基于此，本书将高校思想政治理论课教学过程优化的关键变量确证为基于受教育者学习需要基础之上的教学目标，基于受教育者认知水平基础之上的教学内容，基于受教育者认知方式基础之上的教学方法以及基于学习期待基础之上的教学评价。

第二节　高校思想政治理论课教学过程优化的结构

以上笔者探讨了高校思想政治理论课教学过程优化的要素——主体要素、客体要素和介体要素，基本确立了高校思想政治理论课教学过程优化的关键因素。接下来笔者将探讨实现高校思想政治理论课教学过程优化的基本结构。

《辞海》中认为结构是指组成事物的要素之间的一种关系，是系统内部要素间有序运作的方式，它是整个系统的基本属性。系统结构是指系统内部各组成要素相互联系和相互作用的机制，是具有多种表现形式的组织方式或分布方式的关系体系。"结构"一词原本是一个工程术语，由于系统理论的发展，"结构"一词已经被纳入各个学科领域而被赋予了不同的含义。"结构"概念引入学科，

第三章 高校思想政治理论课教学过程优化的要素与结构

是从数学开始，经过物理科学、生物学、社会科学，直到人文科学。其中最核心的观点是：任何系统都是由一定的要素或成分构成的，系统中要素的构成并不是毫无章法的，而是以一定的逻辑顺序和运行方式组合起来的。要素与要素之间既相互作用、相互协同又相互制约构成系统结构，形成运行机制。结构是学科的基本概念和基本原理。结构范畴是表征事物内部各要素的组合方式、结合方式的范畴。美国当代美学家兰德尔指出："结构是一切意思和意义的基础，所以，没有结构，任何东西都不存在，都不可设想。"[①] 瑞士著名心理学家皮亚杰指出："结构是一个由种种转换规律组成的体系。这个转换体系作为体系（相对于其各成分的性质而言）含有一些规律。"[②] 教学过程的结构是非常复杂的，澄清这种结构，探寻教学过程的基本构成要素之间的基本构成方式，可以为思想政治理论课教学过程结构优化，进而实现高校思想政治理论课教学过程的整体优化提供更有针对性的依据。教学结构是指在特定的教育思想、教学理论、学习理论指导下所形成的一种稳定的形式。这种结构形式的构成要素主要包括教育者、受教育者、教材和教学方法。各要素之间彼此关联、发生作用，表现出相对稳定的特点[③]，主要表现为不可或缺性、师生共融性、逻辑性、内外两面性四个特点。还有观点指出，教学过程结构是一种建立在教学理论、教学经验、教学对象及一定教学规律基础之上的教学活动的框架。因此，它并不会因不同学科教学内容的变化而发生质的变化，在结构上具有相对稳定的特点，是独立和带有规律性的，而且可以及时反映教与学的状

[①] ［美］M.李普曼编：《当代美学》，邓鹏译，光明日报出版社1986年版，第146页。

[②] ［瑞士］皮亚杰：《结构主义》，倪连生、王琳译，商务印书馆1984年版，第2页。

[③] 黄荣怀、沙景荣、彭邵东主编：《教育技术学导论》，高等教育出版社2006年版，第28页。

态。从运作过程看，教学就是一个"结构"的运作过程，掌握教与学的关系就是掌握教学过程结构的核心部分，优化"结构"等于优化教学过程。① 还有学者认为，教学过程的结构，是指教学过程内部各个组成环节及其在时间上的有机联系或相互作用的方式或顺序。教学过程结构是一种特殊的时间结构，是教学活动展开和进行的时间流程或逻辑历程。② 还有观点从教学实践的角度出发试图去探究教学过程结构的生成，认为如教学特征一样，课堂教学结构即各教学要素在时空内的有序组合。③

  以上理论成果，为高校思想政治理论课教学过程优化结构的分析提供了理论参考和界定原则。笔者认为，高校思想政治理论课教学过程结构是一个由教学系统内部构成要素紧密联系、相互结合、彼此作用的系统结构。同其他学科教学过程一样，高校思想政治课教学过程结构是由以教师和学生为核心的主体要素构成的相互联系、相互作用而形成的教学活动进程的稳定结构形式。它具有系统化的性质和特征。列维·斯特劳斯指出，结构是由一系列元素组成的，其中任何一个元素，在尚未影响到其他元素的变化下是不可能改变的。这就是说结构是一个完整的整体，它由许多紧密联系、相互制约的元素组成，离开整体，任何一个元素都无法独自发生变化。当一系列要素都发生变化时，这一系列的结构也就变成了另一个新的结构。所以，要么是整个结构同时变成为另一个结构，要么是整个结构的诸元素都保持不变，也就是说，要保持诸元素的"同时性"。接下来笔者将对高校思想政治理论课教学过程的优化结构作进一步的具体分析。

---

  ① 雷霞：《核心素养下我国课堂教学结构的弊端与优化》，《教学与管理》2019年第21期。
  ② 黄甫全主编：《现代课程与教学论学程》（下册），人民教育出版社2006年版，第663页。
  ③ 雷霞：《核心素养下我国课堂教学结构的弊端与优化》，《教学与管理》2019年第21期。

第三章 高校思想政治理论课教学过程优化的要素与结构

一 高校思想政治理论课教学过程优化的分析维度

（1）共时结构与历时结构，也称空间结构和时间结构。索绪尔在《普通语言学教程》中针对"语言学"形态而首次引进"历时"和"共时"的概念，它是对复杂事物展开研究的两个基本视角。这两个基本视角既包含静态视角，又包含动态视角；既包括横向维度视角，又包括纵向维度视角。其中，静态视角、横向维度更多关注的是要素间的相互关系，而动态视角下，纵向维度多是探究要素关系背后的矛盾与规律。教学过程的空间结构是指教学过程的基本构成要素（教育者、受教育者、教学内容、教学方法）在特定时间段内相互联系、彼此作用构成的共时的空间性构造。教学过程的历时结构则着眼于教学过程的动态运行角度，重点关注要素随时间变化所展现出来的组合分布形式。诸如单个要素在不同时间段的变化发展，多个不同要素在不同时间进程中的组合与作用，试图从不同教学活动过程的各阶段中寻找所有教学活动都涉及的几个阶段。简而言之，共时结构主要关注的是教学过程要素间的相互作用与关联。历时结构则侧重于过程运行的阶段和环节。基于空间维度和时间维度对教学过程结构的划分是当前多数研究者分析教学过程的基本维度。教学过程在时间维度和空间维度上都有严格的组织和有序的安排。它不是静态形式的平面意义上的组织结构，也不是逻辑论证上的结构，而是由不同因素在时间和空间中相互关联、相互作用而形成的一个包容众多因素的完整立体系统。所以，教学活动运行的时间结构和空间结构成为教学过程深化研究的重要方面。空间结构是指教学过程的基本构成要素（教育者、受教育者、教学内容、教学方法）之间的相互联系、彼此作用构成的系统。时间结构则着眼于教学过程的动态运行角度，试图从不同教学活动过程的各阶段中寻找所有教学活动都涉及的几个阶段。基于以上分析，笔者认为，教学过程的基本构成要素是教学过程空间结构的组成基元,而教学过程的阶段或环节则是构成教学过程时间结构的组成基元。教学过程的空间结构描述的是特定空间里教育者、受教育者、教学内容和教学方法之间的平面关系;教学过程的时间结构反映出了教学过程动态运行中的整体新特点,注重关注教学过程运行的多变性和复杂性。教学过程的顺利展开既是基本要素在一定空间内教学要素之间的相互作用、相互联系;又是各阶段和各环节的有序组织和运行。教学结构的研究既要关注教学过程的空间结构,强调教学要素的相互作用;又要关注教学过程的时间结构,强调教学要素相互作用的动态发展特征。

(2)元结构、本结构、构结构。依据一般规律,有研究把教学过程的结构区分为"元结构""本结构""构结构"。[①] 其中,"元结构"是指教学过程相对独立的诸要素自身的结构,它是形成教学过程结构的基础。"本结构"是指教学过程相对独立的诸要素自身结构的机械之和,它是形成教学过程有机结构的前提和中介。所谓"构结构"是指教学过程相对独立的诸要素相互联系和相互作用所形成的有机结构,这是作为结构的最高结构,也就是我们所要努力组合和构建的结构。在教学过程中要实现教学过程结构的最优化,就必须首先做到弄清楚要素的"元结构";其次要把哪些要素综合在一起,要做到心中有数,要弄清楚教学过程的"本结构";最后,对于所要结合的诸要素,要进行科学的排列组合,使各要素之间相互配合、有机结合,构建成一个有机体,即最高层次上的整体结构——"构结构"。

(3)教学过程的表层结构、中层结构、深层结构。列维·斯特劳斯认为,"深层结构"与"表层结构"共同构成复杂的系统,其中表层结构主要关注可观察、可分析归纳的表层现象,深层结构主要关注

---

① 石云霞:《高校思想政治理论课程建设史研究》,武汉大学出版社2006年版,第294—295页。

现象背后的内在逻辑，它是表层现象和表层结构所共同依附的、具有支配性的深层结构。这样一种结构分析的思维方式是对观察对象的层次和关系的系统分析。有研究基于列维·斯特劳斯的系统结构分层理论，提出一种结构分析新的思维方式，即通过可观察的研究对象的表面的、可观察的结构，探究隐藏在表面结构背后的、起支配作用的深层结构。对深层结构的刻画和把握是分析把握复杂教学系统如何发生和运行内在机制的认识方式，它在于把握重点诸多教学要素有序化的精神内核或逻辑。中层结构的建立则是以深层结构为基础的教学活动序列，是进行先期组织的层次。而表层结构则是一种显性结构，它是由多层次的教学要素组成的。如果说深层结构提供了教学有序化的基本逻辑、中层结构基于深层结构形成了教学要素组合的基本结构，表层结构则是在二者的基础上，通过创设情境、营造环境、实施行动、处理节奏，最终呈现出丰富的表象世界。表层结构、中层结构、深层结构三者之间实质上是一种转化关系，即教学的内在逻辑如何转化为运行过程中的现实教学过程。探讨表层结构、中层结构、深层结构之间的转化问题，实际上就是在探究三层结构之间的对应关系，据此才能透彻分析抽象的教学逻辑与具体的教学实践活动之间是如何关联、如何转化、如何作用的，即把握现实中的教学过程是如何渐次展开的。

　　基于以上分析可以发现，不管学者们基于何种理论、何种维度去分析教学过程的基本结构，都涉及两个核心问题：第一个问题是教学过程的基本要素之间是如何相互作用、相互联系的，即教学要素间的关系问题；第二个问题是教学活动进行的序列结构，即教学过程的阶段与环节。教学过程的基本构成要素是教学过程空间结构的组成基元，而教学过程的阶段或环节则构成教学过程的时间结构。因此，高校思想政治理论课教学过程的优化研究应关注共时结构和历时结构的统一，关注时空关系的统一。教学过程的共时结构描述的是特定空间里教育者、受教育者、教学内容和教学方法之间的平面关系；教学过程的历时结构反映出了教学过程动态运行过程中的整体新特点，关注教学过程运行的多变性和复杂性。教学过程的顺利展开既是基本要素在一定空间内教学要素之间的相互作用、相互联系；又是各阶段和环节的有序组织和运行。教学结构的研究既要关注教学过程的共时结构，强调教学要素的相互作用；又要关注教学过程的历时结构，强调教学要素相互作用的动态发展特征。因此，时间维度和空间维度是把握教学过程的运行和结构特征的基本向度。时间维度和空间维度体现出复杂事物的"共时性"和"历时性"，就是指要基于从静态与动态、横向与纵向、相对静止与绝对运动的维度的基本视角去考察系统结构及形态。两者的理论基础不同，关注点也不同，前者主要关注系统中要素之间的关系，后者则主要关注系统运行过程中的矛盾运动和发展规律。据此，可以得出高校思想政治理论课教学过程结构研究的两个重点问题，一是教学要素之间的关系问题，二是教学活动运行环节的序列关系问题，即高校思想政治理论课教学过程的共时结构和历时结构。

二 高校思想政治理论课教学过程优化的共时结构

高校思想政治理论课教学过程优化的共时结构是指优化教师、学生、教学内容、教学方法等基本要素之间相互作用、相互联系的组合方式，它的实质就是恰当处高校思想政治理论课教学过程基本要素之间的关系问题。思想政治理论课教学过程的存在多以关系形态呈现，既有教学系统内部各要素的关系，也有系统内部要素与外部要素之间的关系。[①] 探明要素间的关系是剖析思想政治理论课教学过程共

---

① 王能东：《高校思想政治理论课教学论》，人民日报出版社2017年版，第74—75页。

时结构的关键问题。外部关系，如思想政治理论课教学与社会环境、学校环境的关系；内部关系，如教师、学生、教学内容和教学手段之间相互作用、相互转化的复杂关系。相较于内外部教学要素的探讨，高校思想政治理论课教学过程的优化研究更多关注的是教学过程内部各要素的优化组合。因此，笔者这里着重探讨高校思想政治理论课教学过程基本要素之间的关系。

（一）教师与学生的关系

教师与学生是高校思想政治理论课教学过程中的核心要素。师生关系是高校思想政治理论课教学过程中最核心的关系。在教育学理论当中，由于教学的多义性和过程研究的多维性，师生关系呈现出多态势、多维度的复杂局面。从宏观层面来看，教师和学生的关系是一种社会关系。师生双方扮演的社会角色不同、身份不同、所承担的责任也不同，彼此之间构成一种独特的社会关系。从微观层面来看，教师与学生的关系是知识层面的授受关系和人际交往关系。即在教学内容上是授受关系，在人格上是平等关系，在道德上是相互促进关系。从内容层面来看，师生关系包含教育关系、管理关系与心理关系等不同类型。从性质层面来看，师生关系可划分为对称的平等关系与不对称的不平等关系。教学思想史上关于教学过程中师生关系的研究从未间断，总体上可以划分为两种："教师为中心"的师生关系和"学生为中心"的师生关系。"教师中心论"的师生关系是以赫尔巴特为代表的传统教育学派的代表观点，它强调教学过程中教师的权威性，认为教师在教学过程中发挥着权威和主导作用，学生在教学过程中处于被动和从属地位。"儿童中心论"是以杜威为代表的现代教育学派的代表性观点，它强调"儿童中心""经验中心""活动中心"，认为教学过程应该以儿童为出发点，即"教师是月亮，儿童是太阳"。这两种观点都有其存在的社会背景，都产生了深远影响，都有重要的启发意义。但同时这两种观点都将教学关系看成一种单维、对立、极端的不可调和的关系。现代教学论认为教学过程是教师教与学生学的统一的双边活动,二者统一于教学过程之中。师生关系是师生双方在教学活动中的平等的、双向的、合作的和谐关系,而单维的、极端的师生关系显然违背了现代教学理论的蕴涵。

主客体之争是"现代教育"派"学生中心说"与"传统教育"派"教师中心说"的对峙和论争。该问题,时冷时热、绵延不绝。关于教学过程的主客体关系,大体可以划分为以下几种观点:

第一种观点是"教师主体说"。这种观点认为教学过程中的主体是且只能是教师,学生处于被动接受的位置,是教学过程的客体,教学过程就是教学主体通过教材作用于教学客体。主体只能是教师,客体是学生。教学过程是教师开展教育活动、施加教育影响,并且作用于学生的过程。教材是教学过程中主体与客体发生作用的中介。

第二种观点是"学生主体说"。这种观点认为在教学过程中,学生是进行认识活动从而获得发展的主体,是学习活动的主要承担者,因而学生是教学过程的主体。而教材是学生认识活动的作用对象,是教学过程的客体。关于教师在教学过程中的作用,学者们的观点略有分歧,部分学者认为教师处于辅助地位,即对学生的学习活动发挥助力作用;部分学者认为教师在教学过程中发挥主导作用,认为学生的主体地位是基于教师主导下的主体地位。

第三种观点是"学生双重地位说"。即在教学过程中学生是客体,在学习过程中学生是主体,处于双重地位。这种观点认为,在教学过程中,学生是教师影响、教授的对象,就这个意义来说是客体;同时在学习过程中又是学习活动的承担者,就这个意义来说是主体,因此学生在教学过程中既是客体又是主体,处于双重地位。这种观点包括两个方面：一是认为就教的活动而言，教师是该活动的承担者，因而是主体；学生是该活动的承担者，因而是客体；教材是中介。而就学的活动来说，学生是主体，教材是客体，所以学生处于一种双重地位，而教师永远是主体。二是认为教师与学生是互为主客体的。一方面，教师在教学过程中影响学生，这种情况下，教师是主体，学生是客体；另一方面，教师又是学生认识、影响和学习的对象，在此，学生是主体，教师是客体；至于教材，则是教师影响学生的中介，是学生学习、认识活动的客体。

第四种观点是"教师和学生都是主体说"。这种观点认为，教师和学生都是具有目的性、能动性的人，他们都是教学过程的主体，教材是客体。这种观点又可以细分为三种不同观点：一是依据教学活动和学习活动之分，教师和学生谁是主体是不一致的。在教的活动中，主体是教师，客体是教材；在学的活动中，主体是学生，客体是教材，所以教师与学生是两个平行的主体，所以称为"平行主体说"。二是把教师和学生看作教学活动中的复合主体，二者在目的、对象、方式方法上是共同的，因而是复合在一起的复合主体。而教材是主体的作用对象，是客体。三是认为教师与学生都是教学过程中的主体，他们面对的共同客体是教材；教师与学生之间的相互作用是一种交往活动，他们在认识论上的关系是主体间关系，即主体与主体之间的关系，这就是近年来有些学者提出的教师与学生之间的"主体间性"观点。

笔者认为，抽象地谈论"以教师为中心"或"以学生为中心"都是较为片面的，关键是要正确认识教学的具体条件，正确理解教师主导作用和学生主体作用的内涵及其表现方式。无论是教师、学生，还是教学内容、教学方式，它们在教学过程中都各有其重要的作用和地位，在一定条件下，教学系统中的某一个要素可能居于矛盾的主要方面，居于中心地位，这需要具体问题具体分析。① 习近平在学校思政课教师座谈会上强调："要坚持主导性和主体性相统一，思政课教学离不开教师的主导，同时要加大对学生的认知规律和接受特点的研究，发挥学生主体性作用。"② 这也阐释了高校思想政治理论课教学过程中的主客体关系，要坚持教师主导性和学生的主体性相统一。一方面要充分发挥教师对教学活动的组织、掌控和引导作用，使思想政治理论课教师的主导作用贯穿教学的全过程，既要体现在对理论的讲解和阐释上，又要体现在对学生思想和行为上的纠偏和引导。另一方面要充分尊重大学生在学习过程中的主体性，激发他们学习的热情和求知欲，保证主体性的发挥，以更好地服从于思想政治理论课的教学目标。

（二）教师、学生与教学内容的关系

教学过程是教师组织学生开展学习的活动，不仅存在着人与人的关系，还存在着人与物的关系，即教师、学生与教学内容的关系。

教学内容是教学过程的基本要素，是教师和学生进行教学活动的基本依据，是课程内在结构的核心部分，是教与学相互作用过程中有意传递的主要信息和可靠保障，它影响着课程中教和学的方式，进而影响教学目标的实现。《简明教育辞典》中认为，教学内容是学校给学生传授的知识、技能，发展的智力、能力，灌输的思想、观点，培养的行为、习惯等的综合，又称课程。它解决了教师教什么和学生学什么的重要问题。《中国百科大辞典》中将教学内容解释为，学校为实现教学目的对教学活动中要传授的知识和技能所规定的广度和深

---

① 严昌莉：《高校思政理论课教学实务研究》，北京工业大学出版社2021年版，第51页。

② 《习近平主持召开学校思想政治理论课教师座谈会强调 用新时代中国特色社会主义思想铸魂育人 贯彻党的教育方针落实立德树人根本任务》，《人民日报》2019年3月19日第1版。

第三章 高校思想政治理论课教学过程优化的要素与结构

度。学校的教学内容一般包括课程标准、教材和课程等,体现在教学计划、教学大纲和教材中。高校思想政治理论课教学内容是教育者根据一定的教学目标和受教育者的学习特点,在对思想政治理论课教学资源的有效开发和利用的基础上,对思想政治理论课课程内容和教材内容做出重新选择和组织,进而提供能给受教育者的理论知识、实践技能、基本思想观点和行为习惯的总和。

教师与教学内容的关系主要存在着一种实践改造关系。[①] 教师在教学过程中发挥关键作用,教师首先要整体把握教学内容的知识结构、所需的专业技能、受教育者的学习方法,并在此基础上需要组织、开展、指导教学活动。这要求教师要全面认识、把握教学内容。这种全面性,首先体现在知识结构的整体把握、专业技能的习得、学习方法的掌握和世界观、人生观的全面提升。其次,教师对教学内容的认识,还体现在教学内容的灵活选择上。这种对教学内容的灵活选择,是基于教师的知识观和教学观,对整个教学过程起到指导和制约作用。最后,还体现在教师对教学内容的与时俱进和及时更新上。随着信息时代的飞速发展,新知识层出不穷。思想政治理论课程的特殊性要求思政课教师要嗅觉敏锐,及时补充新知识,紧跟时代发展步伐。教师的最基本的任务是在掌握的基础上将教学内容传授给学生,但同时组织学习内容、指导受教育者接受学习内容的任务也至关重要。教师需要依据课程本身的内在逻辑和学生自身的接受规律来对知识进行重构和再加工,从这个角度来看,教师与教学内容的关系更多地体现为改造的关系。

学生与教学内容之间首先是一种认识与被认识的关系。学生是作用于教学内容的认识主体,教学内容是学生认识的具体对象,学生的学习是围绕着教学内容展开的,教学内容制约了学生的认识方式,同

---

① 王本陆主编:《课程与教学论》(第2版),高等教育出版社2009年版,第130页。

时建构了主体。学生对教学内容的认识，是一种主体的精神世界作用于客体，对客体进行认知的操作、加工，进而将客体纳入自身的认知结构和心理结构的过程，即客体主体化的过程。也就是说，教学内容是学生发展的重要条件。从历史维度来看，科学文化是人类世代延续的结果。人类在漫长的文明历史发展进程中，不断地创造并积累了丰富的科学文化知识，学校和教学作为社会科学文明传递的主要渠道，总是以其特有的方式与手段，努力使社会个体成员的认识能够尽快地达到社会历史认识的现有水平，并以此保证社会连续不断的进步和发展。但同时，个体在遗传上不能自然获得科学文化知识。个体多是通过教育这种人类特有的生存方式掌握种族经验，从而实现人类文明的传递和再生产。其次，学生与教学内容是一种矛盾发展关系。从宏观角度来看，学生与教学内容之间的矛盾关系，映射着人类社会的一个基本矛盾，即人类总体文明的全面性、丰富性与人类发展的有限性、滞后性之间的矛盾。① 从微观角度来看，这种矛盾主要表现为教学的客观要求与学生已有经验之间的矛盾，主要表现为科学的抽象性与学生现阶段实际水平之间的矛盾。一方面，这种矛盾关系体现在教学内容与学生现有的认知能力与知识水平之间的差异上，另一方面，体现在教学内容规定了学生必须掌握的知识和技能上。

（三）教师、学生与教学方式方法的关系

毛泽东指出："不解决桥或船的问题，过河就是一句空话。不解决方法问题，任务也只是瞎说一顿。"② 当前教育理论界对教学方式的专门研究并不十分丰富。学者们对教学方式的研究多是通过对教学方式的概念界定和相关理论的含义来进行界定。方式是指说话做事所采取的方法和形式，教学方式就是指师生在教学过程中所采取的教学

---

① 王本陆主编：《课程与教学论》（第2版），高等教育出版社2009年版，第128页。
② 《毛泽东选集》第一卷，人民出版社1991年版，第139页。

方法和形式。教学方式是指在教学过程中,教师和学生为实现教学目标、实现教学任务而采取教与学相互作用的活动方式的总称,实质上就是在实施教学目标过程中,教学内容的传递或呈现的方式,也是实施教学目标的方法类教学策略。思想政治理论课教学方法是指为了顺利完成思想政治理论课教学任务、达到理想目标所采用的各种教学方式方法的总称。教师与教学方式的关系,即教师通过何种途径,使用何种工具,采取何种方法向学生施加影响。学生与教学方式的关系,实质上是有关教学活动中信息的途径问题、工具与方法问题。

笔者在这里基于传统教学方式与现代教学方式的划分着重探讨高校思想政治理论课教学过程中教师、学生与教学方式之间的关系,主要包括以教为主的教学方式中高校思想政治理论课教学过程中教师、学生与教学方式的关系,以学为主的教学方式中高校思想政治理论课教学过程中教师、学生与教学方式的关系。

其一,以教为主的教学方式中教师、学生与教学方式的关系。以教为主的教学方式也叫讲授型教学方式,或接受式教学方式。其教育理念倾向于以教师为中心,注重教师的教,有利于教学目标的完成,对于传授各学科基础知识是有利的,但由于其忽视学生的学习能动性、创造性,不利于学生学习能力的培养。在以教为主的教学方式中,通常采用以教师讲解、教师演示、教师操作和教师总结为主的教学方法。虽然教育学界一直在倡导教学改革,倡导平等互动、教师主导学生主体的教学方式,但当前我国现行的课堂教学中以教师为主导、以课堂为中心和以书本为中心的传统教学方式仍然占主导地位。这种教学模式在这种教学关系中,教师全面掌控教学过程,有着绝对权威,严格掌控教学过程的目标、内容、方法、进程等要素,掌控着受教育者的学习进程。而学生则处于从属的、被动的地位,其自身的潜力难以被挖掘。

其二,以学为主的教学方式中教师、学生与教学方式的关系。

以学为主的教学方式也称探究型教学方式。这种教学方式的特点是以学生为中心。学生由被动接受者和知识的灌输对象转变为信息加工的主动建构者，而教师由传统的掌控者和灌输者逐渐转化为学生主动建构意义的辅助者和促进者。早在19世纪末20世纪初，美国教育学家杜威基于实用主义认识论，提出要以学生为中心、从做中学的教学模式，主张教学活动的中心应该从教师和教科书的中心转向以学生为中心，教师的主要任务是引导学生在活动中学习。这一教育思想极大地冲击了当时的传统学校教育，使得整个教育理论和实践发生了变革。当前，探究型教学方式有利于学生的主动探索和主动发现，有利于创造型人才的培养，是深化新时代思想政治理论课改革创新的重要指导思想。自"05方案"实施以来，思想政治理论课教学方法就开始了积极的探索和改革，诸如专题式教学法、问题式教学法、案例式教学法、情境式教学法、讨论式教学法、对话式教学法以及以数字教学为代表的现代教学方法等，极大增强了吸引力、感染力和实效性。"教学相长"成为新课程改革中理想师生关系的基本理念。教师与学生的交往互动形成师生关系的基本形态，除此之外，同一层面的学生与学生的互助合作也是组成合作学习的重要之维。这就要求在教学过程中，教师要注意加强指导，依据学生的兴趣、特长等标准划分小组，明确小组分工，进行有差异性的教学指导，进而促进师生互动、生生互动，以建立起良好的师生关系、生生关系。

推进教学方法改革、创新教学手段和方式是一项永无止境的工作，需要加强对教学方法的研究，改进教学方法，提高教学质量，使高校思想政治理论课成为大学生真心喜爱、终身受益的优秀课程。"05方案"以来，一系列具有针对性的政策措施，给思想政治理论课教学方法改革提供了根本指针，为推进高校思想政治理论课教学过程中方法要素的优化提供了理论依据和基本指南。2004年8月，《中共

第三章　高校思想政治理论课教学过程优化的要素与结构

中央、国务院关于进一步加强和改进大学生思想政治教育的意见》提出，教学方式和方法要努力贴近学生实际，符合教育教学规律和学生学习特点，提倡启发式、参与式、研究式教学。要研究分析社会热点。要多用通俗易懂的语言、生动鲜活的事例、新颖活泼的形式，活跃教学气氛，启发学生思考，增强教学效果。[①] 2015年7月，中共中央宣传部、教育部关于印发《普通高校思想政治理论课建设体系创新计划》的通知中提出，改革教学方法，创新教学艺术，倡导集体备课和名师引领，强化问题意识和团队攻关，注重发挥教与学两个积极性，形成第一课堂与第二课堂、理论教学与实践教学、课堂教学与网络教学相互支撑，理念手段先进、方式方法多样、组织管理高效的思想政治理论课教学体系。[②] 2018年4月，教育部关于印发《新时代高校思想政治理论课教学工作基本要求》的通知中明确指出，科学运用教学方法。要鼓励思想政治理论课教师结合教学实际、针对学生思想和认知特点，积极探索行之有效的教学方法，自觉强化党的理论创新成果的学理阐释，努力实现思想政治理论课教学"配方"先进、"工艺"精湛、"包装"时尚。要加大对优秀教学方法的推广力度，注重用点上的经验带动面上的提升。[③] 2019年3月18日，习近平在学校思政课教师座谈会上指出，要坚持主导性和主体性相统一、坚持灌输性和启发性相统一、坚持显性教育和隐性教育相统一，为当前思想政治理论课教学方式改革提供了方向性准则和指导性原则。[④] 2019年8

[①] 教育部社会科学司组编：《普通高校思想政治理论课文献选编（1949—2006）》，中国人民大学出版社2007年版，第216页。
[②] 《中华人民共和国学校思想政治理论课重要文献选编》编写组编：《中华人民共和国学校思想政治理论课重要文献选编》（下册），人民出版社2022年版，第1387页。
[③] 《中华人民共和国学校思想政治理论课重要文献选编》编写组编：《中华人民共和国学校思想政治理论课重要文献选编》（下册），人民出版社2022年版，第1486页。
[④] 《习近平主持召开学校思想政治理论课教师座谈会强调 用新时代中国特色社会主义思想铸魂育人 贯彻党的教育方针落实立德树人根本任务》，《人民日报》2019年3月19日第1版。

月，中共中央办公厅、国务院办公厅印发《关于深化新时代学校思想政治理论课改革创新的若干意见》中指出，要大力推进思政课教学方法改革，提升思政课教师信息化能力素养，推动人工智能等现代信息技术在思政课教学中的应用，建设一批国家级虚拟仿真思政课体验教学中心。①

随着科学技术的发展、教育科学的变革和哲学人文社会科学、自然科学、思维科学的发展，人们的认识领域不断扩展、认识水平不断进步，教学方法也得到不断的丰富和发展。传统的教学方法，往往借助于黑板、粉笔及简单的教具由教师在课堂上施教，而当下则逐渐向混合式教学转化，比如慕课教学（MOOC）、翻转课堂教学等，促进了师生双向互动教学模式的形成。思想政治理论课教学方式形成了以教为主逐步转向以学为主、学教并重的基本导向。教学方法也逐渐由偏重传授知识转移到对学生能力素质的培养和针对性的教学。在思想政治理论课教学实践中不仅要重视教师教的方法，更要强调学生学的方法；不仅要研究传授科学文化知识的方法，更要注意探索促进学生德智体美劳全面发展的方法。

（四）教学内容与教学方法的关系

教学内容是为了实现教学目标所开设的教学科目和范围体系，或是教学大纲、教科书的知识，它是开展教学活动的基础。教学方法是顺利完成教学目标、完成教学要求的具体途径和手段。教学内容与教学方法之间是相辅相成、协同共进的。内容决定形式，形式服务内容。教学内容是选择教学方法的前提，教学方法反作用于教学内容，良好的教学方法是受教育者掌握教学内容、保证教学质量的重要基础。内容决定方法，方法为内容服务。

---

① 《中华人民共和国学校思想政治理论课重要文献选编》编写组编：《中华人民共和国学校思想政治理论课重要文献选编》（下册），人民出版社2022年版，第1534页。

第三章 高校思想政治理论课教学过程优化的要素与结构

正确处理教学内容体系与教学方法体系的关系必须要注意以下几点：一是教学方法的选择要保证教学内容呈现的全面性、准确性和科学性，不能离开教学目标和教学内容谈教学方法。首先要基于教学内容的内在属性来选择教学方法。教学方法的恰当与否关系到思想政治理论课教学任务的顺利完成程度，关系到思想政治理论课教学目标的实现情况。教学方法要同高校思想政治理论课教学目标相符合，要同思想政治理论课教学内容的基本特性相符合，还要同受教者的接受特点相符合。教育者应根据课程、内容和具体的条件，正确选择并使用不同类型的教学方法。二是要具体情况具体分析，不存在通用的教学方法，要注重在提高教学内容与教学方法的适切性的同时，对教学方法进行创新。大量的教学实践活动反复证明，对相同的教学内容采用不同的教学方法去处理，得到的教学效果大相径庭、差异巨大。正所谓教而有法，教无定法，贵在得法。不同的教学方法本身各自存在优点和缺点，所适用的教学内容和教学范围各不相同。能否选取合理有效的教学方法及其组合，是衡量教师功力和水平的重要标志。三是要注意不同教学方法的整合，遵循"整体优化"原则，以形成最优组合，达到最优效果；注重通过教学内容的改革来带动促进、教学方法的改革，实现协同发展。要正确处理思想政治理论课教学内容和教学方法的关系，改变过去教改过程当中偏重于教学方法改革而忽视教学内容的现象。党的十八大以来，以习近平同志为核心的党中央高度重视思想政治工作，明确指出要推动高校思想政治工作不断改革创新以适应国际国内形势的深刻变化。而思想政治理论课教学内容、教学方法的改革恰是深化思想政治理论课教学改革的基础方面。习近平总书记在学校思想政治理论课教师座谈会上强调，推动思政课改革创新要坚持"八个统一"，即政治性和学理性相统一、价值性和知识性相统一、建设性和批判性相统一、理论性和实践性相统一、统一性和多样性相统一、主导性和主体性相统一、灌输性和启发性相统一、显性教育和隐性教育相统一。同时特别指出，只有打好"组合拳"，才能讲好思政课。但无论"组合拳"怎么打，最终都要落到把思政课讲得更有亲和力和感染力、更有针对性和实效性上来，实现知、情、意、行的统一，叫人心服口服。① 习近平关于"八个统一"的论断，反映了在推动思政课改革创新中要坚持教学内容与教学方式方法相统一的指导思想。具体来讲，在教学内容方面，经常会遇到内容重复、倒挂的现象，包括思想政治理论课不同课程之间的内容交叉、重复，不同学段之间思想政治理论课教学内容的反复、倒挂。需要科学选择教学方法去处理重复问题。同时，要依据大学生自身的接受特点、认知水平、学习特点和学习风格，依据教学环境和具体的教学条件设计出灵活多样的教学方式和教学模式。依据环境和条件选择思想政治理论课教学方法。同时，也要正确处理思想政治理论课教学改革当中教学内容与教学方法之间的关系，改变重教学方法轻教学内容的现象。

三 高校思想政治理论课教学过程优化的历时结构

前面所论高校思想政治理论课教学过程优化的共时结构是从静态的角度考察其横向结构。但多层次的复杂要素之间的矛盾运动推动思想政治理论课教学的动态运行过程，使教学过程呈现出既相互联系又各具独立性的不同环节。现代教学过程的基本环节是指在具体教学活动中，完成一项教学任务所要经过的阶段步骤，也称教学阶段或教学流程。高校思想政治理论课教学过程是教学活动的各环节展开和进行的时空结构，其本身存在空间范围和时间长度。思想政治理论课教学是多种力量相互作用的动态过程。从宏观上来看，教学过程从古至今

---

① 《习近平主持召开学校思想政治理论课教师座谈会强调 用新时代中国特色社会主义思想铸魂育人 贯彻党的教育方针落实立德树人根本任务》，《人民日报》2019年3月19日第1版。

都是历史的存在,以历史作为教学过程的存在空间,从古至今的都可以称之为教学过程存在的时间形态,其中教学过程的变革与发展就构成了时空结构。从微观层面讲,高校思想政治理论课教学过程的时空结构是以具体课程为单位构成的具体的教学过程,时空结构向我们展示了教学过程的立体性,体现变与不变、存在与变革的统一。空间和时间是教学过程得以生成并展开的基础和前提;承载着教学过程的功能。没有空间,教学过程无以存在;没有时间,教学过程的环节无法展开,教学过程的功能无法发挥。探讨高校思想政治理论课教学过程优化的历时结构就是关注教学阶段及环节相互关系和相互作用前后衔接性的序列关系。

（一）高校思想政治理论课教学过程纵向结构分析的理论基础

古代教育思想中就已经形成了较为完整的教学过程结构观。早在公元前6世纪,孔子就提出,"学而不思则罔,思而不学则殆"的教学思想,并主张"多见""多闻",提倡"躬行",将学习过程概括为"学—思—行"的统一过程。思孟学派继承这一思想,并提出"博学之,审问之,慎思之,明辨之,笃行之"的学习过程理论,把学习过程划分为"学、问、思、辨、行"五个步骤。荀子主张"闻、见、知、行"的学习过程。西方关于教学过程的研究中也包含丰富的教学过程结构思想。公元前5世纪,智者派开始了对教学过程的探索。著名的"产婆术"主张将教学过程划分为两个阶段,即"诘问—助产"。古罗马著名教育家昆体良提出了教学过程的三阶段主张,即模仿、接受理论指导和练习。总体来看,中西方古代教育过程结构的相关思想都是以学生学习为主要内容,注重政治、德行的培养,把践行和体悟作为教学过程的目的,提倡启发、诱导、诘问、思辨的教学方法。

西方关于教学过程阶段的研究相对比较丰硕,比较有影响的教育学派主要有两派:一派是以赫尔巴特为代表的"四段论"。赫尔巴特根据人们"多方面的兴趣",依据受教育者的心理活动规律,指出学生掌握知识的基本程序阶段是:明了—联合—系统—方法。赫尔巴特的追随者席勒和莱茵对教学过程阶段作了增补,形成了"五段教学法",即预备—提示—联合—总括—应用。赫尔巴特学派将教学过程结构理论规定为教学过程的普遍公式。这个阶段开创了研究教学进程的理论,成为传统教育学派教学结构的典型代表。这种教学过程结构理论重视从联想心理学出发,认为心理是观念的联合,要求以系统的方法传授系统的知识和技能,重视教师的引导作用,注重对教学过程结构的划分,反映出教学过程的一些规律,但同时也忽视了学生在教学过程中的主动性、能动性。其追随者所提出的"五阶段教学法"使教学过程陷入千篇一律的僵化格局。尽管赫尔巴特学派的教学过程结构观点深深打上了时代和阶级的烙印,但这一思想对后人产生了深远的影响。另一派是以杜威为代表的进步教育运动所提出的"五步教学法",即疑难—问题—假设—验证—结论。这一理论将教学过程与社会过程、生活过程、人的性格、行为习惯养成过程紧密相连,其主要目的在于塑造人。认为人的学习是"从做中学",是一个"试误"或探究的反省思维活动过程。该理论反对以"赫尔巴特"为代表的传统教学过程观,主张运用反思思维来剖析教学过程,认为主张教学过程的研究要充分发挥学生个体的主动性、积极性、创造力,要密切联系生活实际,推动教学过程结构科学化、合理化发展。[①] 此外,还有苏联著名教育家凯洛夫的"特殊认识过程说"。该理论试图用马克思主义科学地解释教学过程,纠正了杜威经验主义教育思想忽视系统知识的偏差,揭示学生认识的特点,概括教学过程的基本环节,即感知新事物—理解新事物的特点和联系—形成概念—巩固知识—形成技

[①] 周永凯、李淑珍、王文博编著:《大学教学策略》,中国轻工业出版社2013年版,第94页。

第三章 高校思想政治理论课教学过程优化的要素与结构

能技巧—实践运用。加涅的"信息加工过程结构论"认为，教学过程是根据学生的学习行为诸阶段而展开的师生交往过程，是教师有意识地安排学习条件和设置学习情境，从而促进学生有效学习的过程。该理论将学生的学习行为分为八个阶段，即动机—领会—习得—保持—回忆—概括—作业—反馈。每一阶段有各自的内部过程和影响它的外部事件，即：引起注意—呈现学习目标—回忆先决条件或相关知识—呈现新的内容—为学习者提供指导—提供练习—提供反馈—测量行为表现—提供保持与"迁移"。依据人脑对所接收信息的加工，加涅将学生的学习分为信号学习、刺激—反应学习、形成链索、言语联想、辨别学习、概念学习、法则学习和问题解决八种类型。[①]

国内关于教学过程阶段的研究可以划分为改革开放以前和改革开放之后两个时期。改革开放以前，国内关于教学过程阶段理论大都沿袭赫尔巴特、凯洛夫学派的观点。改革开放以来，国内学者在对外国教育学家们的教学过程阶段理论的总结和研究基础之上，结合广泛的教学探索提出了诸多富有价值的教学过程阶段的观点，具体研究概况如表3-2所示：

表3-2   国内教学过程环节的主要观点

观点	内容	出处
四阶段	感知—理解—巩固—应用	李秉德，1991
	备课/预习—讲课/听课—辅导/复习—作业/运用	关甦霞，1992
五阶段	感知—理解—巩固—应用—检查	王策三，1985
	激发动机—复习旧课—讲授新课—巩固运用—检查评价	唐文中，1990

[①] [美] 莫里斯·L. 比格：《学习的基本理论与教学实践》，张敷荣、张粹然、王道宗译，文化教育出版社1983年版，第209页。

续表

观点	内容	出处
六阶段	动机—感知—理解—巩固—运用—评价	刘克兰，1988
	引起求知欲—感知教材—理解教材—巩固知识—运用知识—检查知识	王道俊，1999
	激发动机—备课/预习—授课/受课—布置作业/练习巩固—辅导/问难—评价	张传燧，1995
	引起学习动机—感知教学内容—理解教学内容—巩固学习知识—应用所学知识—检查所学知识	陆亚松，1992
	激发学生动机—感知教材—理解教材—巩固知识—运用知识—测评学习效果	陈伟军，2009
六步三阶段	六步：引起注意与告知目标—提示学生回忆原有知识—呈现有组织的信息—阐明新旧知识的联系促进理解—引起学生反应 提供反馈与纠正—提供技能应用的情境，促进迁移 三阶段：第一阶段同上述中第1—4步，第二阶段是对复习与记忆提供指导，第三阶段是提供提取知识线索	皮连生，1996
七阶段	动机—感知—理解—记忆—迁移—应用—评价	曾欣然，1992
	使动/需要—精选/吸摄—提供/储备—设场/模仿—外向/移用—点拨/创造—评价/报偿	胡克，1987
八阶段	传授/摄取—批改/排除—分析/改造—示范/适应—启发/联想—复习/储备—讲解/理解—作业/运用	田龙翔，1988

阶段理论是教学过程研究中的基本问题。从发展趋势来看，教学过程结构的理论发展呈现出以下特点：第一，由以"教"为主的教学结构理论向以"学"为主的研究视角发展，更加注重从学生的心理认知结构去剖析，激发学生在教学过程中主体性作用得到更大发挥；第二，由单维度的教学结构模式向双向互动的教学结构模式转化，更加认同教学过程是"教师教"与"学生学"的双向互动过程。

随着教学理论研究的深化和现代教学改革的不断开展,教学过程结构的研究也更加多元化和科学化。学者们开始逐步审视已有的研究成果,指出教学过程既是教师教的过程,又是学生学的过程。主张从多维度视角出发,依据马克思主义认识论、教学过程的特点以及个体身心发展的规律,来展开对教学过程的研究,更加突出学生在教学过程中的作用,不仅关注学生在知识掌握上的获得感,而且关注学生在心理发展、道德养成等方面的获得感,更加注重教学过程的组织、管理和评价。

(二) 高校思想政治理论课教学过程优化的阶段环节

为了表征思想政治理论课教学动态发展过程中的某些问题,"阶段"和"环节"作为两种不同的提法同时存在。学者们关于"阶段"和"环节"的表述和划分往往存在概念不明、逻辑关系不清的现象。有学者指出思想政治过程研究中阶段和环节划分存在概念上的混淆、逻辑关系上的混乱,二者之间的边界和界限尚未明晰。有学者明确指出,使用环节和阶段这两个概念,必须首先辨明二者之间的逻辑关联。[①]"环节"是指互相关联的许多人或事物中的一个,"阶段"是指事物发展过程中的区间段落。当前不少关于教学的论著经常使用"教学过程阶段"这一概念,但"阶段说"也有明显的缺陷。"阶段"一词具有时间概念的属性,表现出程序性、递进性及不可逆性。而教学过程是主客体之间相互作用的主客互动的教学活动,常常需要依据教学目标、教学对象以及教学内容的实际情况,灵活调整具体教学的顺序。"阶段"与"环节"难以做到泾渭分明,这里笔者使用"环节"以更准确地表达高校思想政治理论课教学过程的动态运行。

[①] 赵野田、张应平:《思想政治教育过程研究综述》,《思想政治教育研究》2009年第2期。

高校思想政治理论课教学过程优化研究

高校思想政治理论课教育教学过程是由若干教学环节构成并持续进行的。教学环节是指教育者在教学过程中根据国家确定的教育方针以及课程的教学内容、对象、任务，在尊重教育教学规律以及学生认知规律基础上设定和运用的相互联系、前后衔接的若干教学活动阶段。一般来讲，它包括备课、上课、布置作业与辅导答疑、参观考察、学业成绩考查和评定五个环节。这几个方面的工作使教学活动形成一个有机统一的整体，在实际教学活动中，它也被认为是教育者对被教育者开展教育教学活动必须遵循的一般工作程序。① 有学者指出，高校思想政治理论课教学过程是马列主义、毛泽东思想和中国特色社会主义理论体系知识的教学过程，可以划分为"感知—理解—巩固—运用"几个相互联系、相互衔接的阶段。具体来讲，高校思想政治理论课知识体系的教学过程经历了"感知教材，形成表象""理解教材，掌握概念和原理""巩固知识，深化对教材的理解""运用知识，提高问题解决的能力"。同时，高校思想政治理论课教学过程是将大学生"知、情、意、信、行"统一于教学活动的过程。② 有学者指出，思想政治理论课的教学过程作为统一和完整的过程，是由相互连接、不可分割的几个环节组成的，即教学方案制定环节（教学过程的准备阶段）、教学方案实施环节（即教师的上课阶段）、教学评估环节（教学过程的总结阶段）。③ 有学者指出，在教学过程中，教师要想真正解决好认识与实践的矛盾，就必须有充分的课堂教学准备、科学的教学行为、恰当的辅助手

---

① 何孟飞：《新时代高校思想政治理论教学研究》，厦门大学出版社2018年版，第109页。

② 唐世刚、杨江民：《高校思想政治理论课教学理论与实践创新研究》，重庆出版集团、重庆出版社2015年版，第73页。

③ 刘吉发、刘强等：《高校思想政治理论课教学方法论：10余种教学方法的设计与实践》，西北大学出版社2009年版，第66—67页。

第三章　高校思想政治理论课教学过程优化的要素与结构

段、严格的教学管理和正确的教学评价等环节。① 还有学者从主体的角度，将思想政治理论课教学过程划分为教学的出发点、着重点、着力点和落脚点。② 有学者将研究的关注点放在思想政治理论课堂教学过程上，关注思想政治理论课程教学活动微观过程，将其划分为备课环节、授课环节、课堂管理环节、教学反馈与评估四个环节。③ 高校思想政治理论课教学过程的设计要以教学目的和受教育者的需求为前提。教学活动的运动、变化、发展在一定时间内连续展开形成不同教学环节。通常学者们划分教学过程的基本环节是基于从教师教的角度去划分，认为是在教师引导下学生学习一个相对完整的知识内容所需要经历的基本阶段，但不可忽视的是基于学生学习课程的角度来探究高校思想政治理论课的学习过程。美国心理学家戴维·库伯将学习过程划分为四个阶段，即学习过程从具体经验开始，经过反思观察和抽象概念化，到主动实验，然后再回到具体经验阶段。④ 基于以上分析可得，教学过程的关键环节有两个，一是教师如何传授教学内容，二是如何促进受教育者内化学习，这两个问题基本上涵盖了各学科教学过程的基本内容，也是我们分析教学过程环节需要重点关注的地方。

高校思想政治理论课教学过程是由多个环节或步骤构成的师生交往过程，这些环节或步骤具有一定的规律性，是多方面规定性的辩证统一。在教学目标上是知识、认识方式、价值观和人生境界相

---

① 石云霞：《高校思想政治理论课程建设史研究》，武汉大学出版社2006年版，第286页。
② 房玫、汤俪瑾、黄金满：《思想政治理论课教学过程的优化》，安徽师范大学出版社2018年版，第67—68页。
③ 余双好：《思想政治理论课程教学法探析》，中国人民大学出版社2018年版，第190页。
④ ［丹］克努兹·伊列雷斯：《我们如何学习：全视角学习理论》，孙玫璐译，教育科学出版社2010年版，第56页。

高校思想政治理论课教学过程优化研究

互促进的发展过程。教学表现为一个过程，不仅仅是指步骤或环节方面，更为重要的是多目标的辩证统一，还包括其内在要素相互作用、相互转化的过程。教学过程是处理教师、学生、教学目标、教学内容、教学方式等教学要素之间相互关系的过程。[①] 有学者将研究视角聚焦于思想政治理论课教学过程是师生之间基于教学内容展开和流动的逻辑性流程上，认为该过程是多种力量相互作用的动态过程，是由思想政治教育者的意识活动过程、思想政治教育者的实践活动过程、思想政治教育对象的意识活动过程、思想政治教育对象的实践活动过程各环节依次展开，往复不已而构成的。[②]

这里笔者认为，高校思想政治理论课教学过程的基本环节包括设计环节、实施环节、评价环节。其中，思想政治理论课教学过程的设计环节，包括依据教学理论、学习理论和传播理论，运用系统科学的方法，对教学目标、教学内容、教学媒体等要素做出合理预设，建构出具体的教学环节。思想政治理论课教学过程的实施环节，包括提供思想政治理论课教学信息内容，唤起和控制学习者注意；告知受教育者思想政治理论课教学目标，唤起相关的原有知识；提供具体的思想政治理论课学习指导，引发受教育者的学习行为。思想政治理论课教学过程的评价环节，包括教师对思想政治理论课教学过程的评估、对思想政治理论课学习过程、学习行为的评估，并进一步推动学习者进行记忆和迁移，以巩固思想政治理论课教学过程的效果。需要注意的是，在具体的高校思想政治理论课教学过程中，因为情况的复杂多样，思想政治理论课教学过程的环节不是一成不变的，会因时、因地、因人、因条件不同而衍生出若干"变式"，如对教学过程环节之

[①] 王能东：《高校思想政治理论课教学论》，人民日报出版社2017年版，第74—75页。
[②] 沈壮海：《思想政治教育有效性研究》（第二版），武汉大学出版社2008年版，第102—103页。

间顺序的调换，或者对某些环节的省略。比如《马克思主义基本原理》《习近平新时代中国特色社会主义思想概论》《毛泽东思想和中国特色社会主义理论体系概论》《中国近现代史纲要》和《思想道德与法治》等课程因教学任务和教学目标等不同，也会表现出多种多样的表现形式，呈现出多种多样的"变式"。

第四章

高校思想政治理论课教学过程优化的目标

以上章节明晰了高校思想政治理论课教学过程优化的内涵和意义，指明了优化的要素与结构，本章需要阐明的关键问题是高校思想政治理论课教学过程优化的目标是什么。它是教学过程优化研究的导向，是思想政治理论课教学过程优化的行动指南，是评价和检测思想政治理论课教学过程优化效果的依据。

教学过程必须随着教学目标的不同，而寻求其最优状态。[①] 什么是最优状态？对同一事物（或问题）的研究，每个人和每个时代的人都会带有自身特有的"参考系"，即主体的特定时代精神和主观努力的不同条件、不同视角、不同思维方法和研究手段等诸因素的组合，因此得出的结论也就不尽相同；然而这一被大家所研究的事物本身却是有着它自身固有的特征、本质和发展规律，这是任何人和任何"参考系"所改变不了的。"参考系"有优异和非优异之分，不是任何"参考系"都能使人对事物的认识上升到一个新的高度，只有具有优异参考系的人，才有可能使他的认识上升到一个新的高度，即提

---

① [美] J. S. 布鲁纳：《教学论的定理》，钟启泉译，《外国教育资料》1987 年第 1 期。

高到现代科学和现代思想文化应有的新的高度。[①] 这里，笔者将高校思想政治理论课教学过程优化的目标理解为其自身特有的"参考系"。基于此，笔者认为开展教学的理想目标，便是要实现教学过程的最优化。这将成为探明高校思想政治理论课教学过程优化目标的基础和前提。那如何才能被称为最优化？依据苏联著名教育家尤·克·巴班斯基"教学最优化"理论的说法，"教学过程最优化"是在综合考虑教学规律、教学原则、教学方式方法及系统内外部客观条件的基础之上所进行的控制活动，其目的是使教学过程在一定的标准下能发挥最有效的作用。最优化并非是某种特殊的教学方法或方式。它是有目的地组织教学过程，统一考虑教学原则、所研究课题的内容特点、各式各样可能有的教学形式和方法、各班级的特点及实际的学习可能性，并在系统分析所有这些材料的基础上，自觉地和有科学根据地选择具体条件下最佳地组织教学过程的方案。[②] "最优化"从一定标准来看，对一定条件来说是最好的意思。"最优化"不是"绝对化"，而是指在一定条件一定标准下看来是最好的。"最优"是一个开放的、动态的概念，其标准随着历史的发展、条件的改善而不断提高。"最优化"并不是一种抽象的、固定的模式，它是相对一定条件下的最优化。

第一节　确保高校思想政治理论课教学过程要素的合理配置

要素的合理配置是实现高校思想政治理论课教学过程整体优化的

[①] 吕景云：《研究方法优化论——艺术理论的研究方法》，《戏曲艺术》1999年第2期。

[②] ［苏］尤·克·巴班斯基：《教学过程最优化——一般教学论方面》，张定璋等译，人民教育出版社2007年版，第55—56页。

基本基元。发生学认为，教学过程的存在、发展、运行正是基于教师、学生、教学内容和教学手段这些基本构成要素之间相互联系、相互作用才得以形成的。这里笔者基于前文要素的分析，着重对高校思想政治理论课教学过程优化的主体要素、客体要素、介体要素进行阐释，具体来讲就是对教育者、受教育者、教学内容和教学方法进行阐释。

一　确保高校思想政治理论课教学过程各要素的优化配置

高校思想政治理论课教学过程的完成，是其构成要素相互影响、相互作用的结果。保障高校思想政治理论课教学过程各要素的合理配置，进而使其形成最佳组合，是实现高校思想政治理论课教学过程优化的基本目标。

（一）实现主体要素的优化

"百年大计，教育为本。教师是立教之本、兴教之源"[①]。"广大教师要做学生锤炼品格的引路人，做学生学习知识的引路人，做学生创新思维的引路人，做学生奉献祖国的引路人"[②]。"办好思想政治理论课关键在教师"。习近平总书记关于教师的一系列重要论述充分证明了教师的重要地位和关键作用。思想政治理论课教师作为"关键课程"的"关键主体"，其自身的优化对于思想政治理论课教学过程功能的发挥具有至关重要的作用。可以说，思想政治理论课教师的优化对高校思想政治理论课教学过程的整体优化具有根本作用。习近平总书记在学校思政课教师座谈会上对思政课教师提出"六要"，即政治要强、情怀要深、思维要新、视野要广、自律要严、人格要正[③]。六

[①] 《习近平书信选集》第一卷，中央文献出版社2022年版，第10页。

[②] 中共中央文献研究室编：《习近平关于社会主义社会建设论述摘编》，中央文献出版社2017年版，第57页。

[③] 《习近平主持召开学校思想政治理论课教师座谈会强调　用新时代中国特色社会主义思想铸魂育人　贯彻党的教育方针落实立德树人根本任务》，《人民日报》2019年3月19日第1版。

个方面要求层次清晰、结构完整、内涵深刻，为新时代思想政治教育者的最优化提供了专业标准，同时对于提升思政教师队伍的专业化能力，提高专业水准，有着十分重要的指导意义。思想政治理论课教育者的最优化就是要实现政治方向的引领者、理论知识的传授者、学习方法的辅导者、道德品质的塑造者、人生价值的引领者。党的十八大以来，中共中央、国务院以及教育部先后印发的《关于加强和改进新形势下高校思想政治工作的意见》《关于深化新时代学校思想政治理论课改革创新的若干意见》《新时代高校思想政治理论课教学工作基本要求》以及《关于加强和改进新时代师德师风建设的意见》《关于全面深化新时代教师队伍建设改革的意见》《新时代高等学校思想政治理论课教师队伍建设规定》《新时代学校思想政治理论课改革创新实施方案》等一系列重要文件，是学习领会和贯彻落实习近平关于加强思政课教师队伍建设重要论述的精神实质、科学内涵和基本要求的集中体现、具体阐释和实施细则。在质量上，要严把质量关。首先要保证思想政治理论课教师的政治素养，其次要保证教师的业务素质，最后需要考查教师的决心态度及热爱程度。进一步提升思想政治理论课专任教师的任职标准，使思想政治理论课教师能承担、敢承担、愿承担起立德树人、铸魂育人的根本任务。在数量上，配齐高校思想政治理论课专任教师是首要任务。在本科院校要按 1∶350 的师生比例，在专科院校按 1∶550 到 1∶600 的师生比例配备思想政治理论课教师；同时也要配备一定数量的兼职教师，确保形成专职为主、专兼结合、数量充足的思想政治理论课教师队伍。在思想政治理论课教师队伍的优化机制上，形成培养思想政治理论课教师的常态化机制，包括培训机制、评级机制、激励机制、管理机制等。通过不断完善国家、地方和高校三级培训体系来建立完善的思想政治理论课教师的培训机制，进而形成一体化、系统性、持续性的培训体系。通过建立科学的考核指标体系和考核标准实现思想政治理论课教师考核环节的优化，从而调动思想政治理论课教师的工作积极性。形成完整的思想政治理论课教师职称评定的单独管理机制,增强思政课教师队伍的人文关怀,确立思想政治理论课教师的社会地位。

(二) 实现客体要素的优化

苏联教育学家尤·克·巴班斯基指出,学生的教养、教育和发展等方面在一定时期内获得最高可能的水平是教学过程最优化的第一个标准。[①] 美国教育心理学家布卢姆把目标与评价结合在一起,认为学习的三个基本领域包括认知、情感和动作技能。虽然不同理论的表述各不相同,但通过对其本质特征的分析,可以发现不外乎是从德育、智育、体育、美育、劳育等维度来剖析受教育者的学习目标。因此,本节将从认知维度、情感维度、行为维度来阐释受教育者的最优化。从认知维度来看,受教育者要掌握思想政治理论课程的知识体系,形成完整的马克思主义理论知识结构。了解并掌握各门课程的基础内容,认识世情、国情、党情,深刻领会习近平新时代中国特色社会主义思想的价值意涵,提高学生的价值认同能力,培养受教育者运用马克思主义立场、观点和方法分析和解决问题的能力。从情感维度来看,促进受教育者在学习接受理论教学之后,自觉用马克思主义理论武装头脑,由"真学"向"真懂"进而向"真信"转变,使受教育者生成马克思主义信仰,坚定建设社会主义步伐,建立对中国特色社会主义道路和制度、中国特色社会主义先进文化、中国特色社会主义共同理想、社会主义核心价值体系以及习近平新时代中国特色社会主义思想等的情感认同,自觉建立对爱国主义、社会主义、集体主义价值观的认同。从行为维度来看,受教育者的最优化可以划分为个人层面和社会层面。个人层面上受教育者的最优化是指受教育者学会运用

[①] [苏]尤·克·巴班斯基:《教学过程最优化——一般教学论方面》,张定璋等译,人民教育出版社2007年版,第58页。

马克思主义基本立场、观点和方法分析、解决现实问题,从思政小课堂走向社会大课堂,并将其融入日常生活和行为中;社会层面上受教育者的最优化是指受教育者自觉把爱国情、强国志、报国行融入建设社会主义现代化强国、实现中华民族伟大复兴的奋斗之中,必须注重从行为层面的影响和塑造学生。[1] 总体来看,实现客体要素的优化就是指高校思想政治理论课教学过程要始终坚持以生为本、以学促教,在基于研究受教育者的基础上,促进其自身主体性的充分发挥。

(三) 实现介体要素的优化

介体要素是教育者和受教育者在教学活动中发生相互作用的不可或缺的要素。基于前文关于高校思想政治理论课教学过程的探究,这里重点探究高校思想政治理论课教学内容和教学方法的优化。

第一,要实现教学内容的最优化。思想政治理论课教学内容的最优化是指在思想政治理论课教学过程中,要能够注意理论知识的科学性、系统性、思想性、实践性和可接受性,注意本学科新旧知识及相关学科之间的联系,并且突出重点,避免和减少不必要的重复。[2] 依据思想政治理论课教学目标的基本要求将教学内容的最优化特点进一步概括为:时代性、科学性和可接受性。首先,思想政治理论课教学内容要具有时代性,即优化思想政治理论课教学内容要坚持与时俱进原则,关注时政热点,及时吸收马克思主义中国化的理论成果。其次,思想政治理论课教学内容要具有科学性。一方面,科学性体现在高校思想政治理论课主干课程的教学内容上,不同课程的教学内容是系统相关、辩证统一的,这个层面多指思想政治理论课教材之间的科学编写及科学整合;另一方面,科学性体现在大中小各学段思想政治

---

[1] 杨威:《论思想政治理论课的学习体验及其优化路径》,《马克思主义与现实》2019年第6期。

[2] 石云霞:《高校思想政治理论课程建设史研究》,武汉大学出版社2006年版,第292—293页。

理论课一体化背景之下，高校思想政治理论课教学内容能够同其他学段的思想政治理论课教学内容顺畅衔接，能够突出重点，能够避免不必要的重复。最后，思想政治理论课教学内容要具有可接受性。要基于社会发展、学生的思想实际、成长成才要求、自身素质的提高，找准结合点，不断提高思想政治理论课教学内容的针对性和有效性。第二，要实现教学方法的最优化。教学方法的最优化是指教育者依据教学的目的和任务、教学内容和性质、教学对象的实际情况以及教学方法的类型和适用范围进行选择和设计的教学方法，能够保证在一定的时间内，使教学与教学任务的解决达到可能范围的最优效果。需要注意的是思想政治理论课教学方法的优化，不单单是指教师教法的优化，还应该包括学生学法的优化，二者相辅相成，共同作用。只有从整体入手，着眼于指导学法，引导学生不仅要达到"要学"，还要"会学"，这种境界的教法才是好教法。另外，现代化的教学方法在思想政治理论课教学过程中的作用不容忽视，教学方法的优化要注意将传统教学方法与现代教学方法相互融合，构建起一个相对完整的、多样统一的教学方法体系，进而达到教学有法、教无定法。

二 确保高校思想政治理论课教学过程各要素作用的协同发挥

高校思想政治理论课教学过程的完成是各要素相互关联、共同作用的结果。增强各要素的互动效果，保障各要素作用的协同发挥是实现高校思想政治理论课教学过程最优化的重要方面。笔者这里基于主体要素、客体要素、介体要素之间的相互关联分别来探究。

（一）实现教师主导性和学生主体性相统一

对于高校思想政治理论课教学来说，实现主体作用和客体作用的协同发挥的关键问题便是实现主导性和主体性相统一。苏联教育学家赞科夫指出，就教育工作效果来说，很重要的一点就是要看教师与学生之间的关系如何。这个问题经历了"教师中心"与"学生中心"

第四章　高校思想政治理论课教学过程优化的目标

的两极摇摆以及"双主体"论的混沌不清之后,"教师主导,学生主体"冲出迷障,成为人们普遍遵循的教学原则。①"教师主导性和主体性相统一"是针对高校思想政治理论课教育者和受教育者的角色定位及其辩证关系而言的。习近平总书记在学校思政课教师座谈会上强调要坚持主导性和主体性相统一。思想政治理论课教学离不开教师的主导,同时要加大对学生的认知规律和接受特点的研究,发挥学生主体性作用。②厘清思想政治理论课主导性和主体性相统一的基本内涵、相互关系及基本原则对于实现高校思想政治理论课教学过程的优化具有首要意义。教师和学生是教学过程中的一对核心范畴,坚持教学过程中教师主导性和学生主体性相统一是思想政治教育工作者和研究者的共识。以下分别从哲学角度、教育学角度、社会学角度去阐释。

首先,哲学角度下高校思想政治理论课教师主导性和学生主体性相统一的基本内涵。马克思指出:"就单个人来说,他的行动的一切动力,都一定要通过他的头脑,一定要转变为他的意志的动机,才能使他行动起来。"③教育者和受教育作为教学活动当中的"有意识的类存在物",教师主导和学生主体都需要能动性的发挥才能实现。主导性是教师作为教学主体能动性的彰显,主体性是学生作为学习主体能动性的体现,二者对提升思政课教学实效性至关重要。从人的本质来看,教育者和受教育者作为社会性的存在,在其现实性上,是一切社会关系的总和④。这种关系多蕴含在二者的交往互动中,通过物质交往、精神交往和语言交往表现出来。其中教师主要进行能动性施教,发挥主导性作用,以激发受教育者能动性开展学习活动,接受引

---

① 贾彦琪、汪明:《教师主导:摒弃抑或深化》,《江苏高教》2017年第6期。
② 《习近平主持召开学校思想政治理论课教师座谈会强调 用新时代中国特色社会主义思想铸魂育人 贯彻党的教育方针落实立德树人根本任务》,《人民日报》2019年3月19日第1版。
③ 《马克思恩格斯选集》第4卷,人民出版社2012年版,第258页。
④ 《马克思恩格斯选集》第1卷,人民出版社2012年版,第139页。

导。有学者指出，能否激发调动学生的学习主体性，把自教、他教融为一体，从"要我学"转化为"我要学"是主导性成功与否的标准。① 唯物辩证法认为，任何事物的产生、发展和灭亡，总是内因和外因共同作用的结果。教学过程的效果如何，关键要看学习过程如何。教师的教是外因，掌握着教学过程的方向和主体；而对于学生来说，学生的学则是内因，决定着思政课教学过程的有效性和针对性。外因通过内因起作用。内因是决定教学过程的决定性要素。教师的教只有通过学生的学才能起作用。因此，对于高校思想政治理论课教学过程来说，教师必须发挥主导作用，充分带动学生，以此为基础唤起学生的主体性作用，二者结合才能更好地优化教学过程。

其次，教育学角度下高校思想政治理论课教师主导性和学生主体性相统一的基本内涵。教师和学生的关系一直是教育学领域高度关注的热点问题。以赫尔巴特为代表的"教师中心说"、以杜威为代表的"学生中心说"是最具代表性的两种学说。"教师中心说"认为教师是教学过程的主体，强调教师的权威。而"学生中心说"强调学生是教学中线、中心，是教学过程的主体，学生只能在个体经验中发展。"主导主动说"的提出是在20世纪30年代苏联教育学家基于对"教师中心说"和"学生中心说"的理论分析而提出的观点，认为在教学过程中要注意教师的主导作用和学生的能动性、积极性的同时发挥。"学为主体"观点的提出是我国学者顾明远在20世纪80年代为了改变实际教学活动当中重教轻学的状况提出的，该观点主张以学生作为教学过程的主体，在教学过程中居于主体地位。② 此后，学者们越来越倾向于将"教为主导""学为主体"两种观点结合起来探讨，

---

① 蒲清平、何丽玲：《思想政治理论课要坚持主导性和主体性相统一》，《思想教育研究》2019年第11期。
② 顾明远：《杂草集——顾明远教育随笔（一）》，海峡出版发行集团、福建教育出版社2013年版，第97页。

第四章 高校思想政治理论课教学过程优化的目标

认为在教学过程中要坚持教师的主导作用和学生主体相一致。一般认为,在教学过程中教师起主导作用,这种主导地位具有客观必然性和必要性,因为教学的方向、内容、方法、进程、结果和质量等,都主要由教师决定和负责。但是,"教"又是为"学"而存在的,否则就毫无意义;教师主导作用必须有一个落脚点,这个落脚点只能是"学",教学所追求的目标和结果,一定由"学"体现出来。[①] 教育学视角下,高校思想政治理论课教师主导性和学生主体性相统一的关键内涵有两个方面:第一,学生应当作为教学过程的能动主体,而教师应是教学过程的主导者;第二,教师主导着教学的方向、内容、方法、进程、结果和质量等。

要廓清思政课教学过程主导性和主体性相统一的基本内涵,必须从思想政治理论课程的特殊性来全面考量。思政课作为立德树人的关键课程,在教学过程中被赋予知识传授、思想塑造、道德养成和价值引领的使命和责任。因此,要顺利落实这一根本任务,重中之重便是思想政治理论课教学过程。因此,笔者这里试图从三个方面去诠释主导性和主体性相统一的内涵,第一个方面是高校思政课教学过程的价值旨归,第二个方面是高校思政课教学过程的生成过程,第三个方面是高校思政课教学过程的实践指向。具体来讲,主导性和主体性相统一是指通过教师在教学过程中"有立场"的主导作用,激发学生的自我意识和主体效能,着重通过主体价值的自我生成和主体效能来落实育人任务,进而培养大学生成为德智体美劳全面发展的社会主义建设者和接班人。学生的世界观、人生观和价值观的形成离不开教师的主导,更离不开自身的主观能动性与主体效能及其内化和转化。

在思想政治理论课教学过程中,只有做到教师主导和学生主体作

---

① 王策三:《教学论稿》(第二版),人民教育出版社2005年版,第374页。

用相统一，才能获得最优化的教学结果。教学过程是教育者和受教育者双边共同活动的过程，教师和学生二者之间的关系是各种关系中最基本的一种关系。其中教师的主导作用主要源于其在教学活动中的主导地位，主要体现在教师按照教学任务和教学规律的要求对学生进行讲解、启发、诱导、指导上。学生主体作用是指其在受教育的过程中，具有积极性、主动性和创新性，他们是掌控学习过程的主体，是学习的主人。学生主体作用的发挥程度在很大程度上决定了教师主导作用的发挥程度。学生的学习积极性、主动性越高，学习效果就越好。在高校思想政治理论课教学过程中，教师居于一种领导、控制和执教的地位，是教学的发动力量；学生处于一种被领导、受控制和受教育的地位，是发动的对象。如果没有教师的主导作用，教学活动就不会发生；反之如果没有学生主体作用的发挥，教学过程将毫无意义。因此，只有坚持教学主导作用和学生主体作用相依存的规律，充分发挥教师的主导性与学生的主动性，实现主导作用和主体作用的统一，这一教学过程才能取得良好的教学效果。①

（二）实现教学内容由教材体系向教学体系转化

实现教学内容由教材体系向教学体系转变是提高教学过程有效性的重要问题。《中共中央宣传部、教育部关于进一步加强高等学校思想政治理论课教师队伍建设的意见》中明确指出，思想政治理论课教师要以教材为教学的基本遵循，在教材体系向教学体系转变上下功夫，真正做到融会贯通、熟练驾驭、精辟讲解。②

其一，弄清两者的相互关系。教材体系主要是指用于教学目的的由各种载体所表现的材料系统，包括教材和相关参考书目等，它是以

---

① 佘双好：《提升思想政治理论课教学质量的规律探讨》，《中国高校社会科学》2018年第2期。
② 《中华人民共和国学校思想政治理论课重要文献选编》编写组编：《中华人民共和国学校思想政治理论课重要文献选编》（下册），人民出版社2022版，第1278页。

第四章　高校思想政治理论课教学过程优化的目标

某一学科或专业的理论体系为指导，由专家按照学科分类方法与学科属性，精心建构的、具有某种内在逻辑性的范式，它比较全面地、系统地反映文献的整体性成果，是供教学使用的资料体系。自2005年以来，思想政治理论课程的所有教材都被纳入党中央马克思主义理论研究和建设工程的高质量的重点教材。基于对高校思想政治理论课问题的全面审视，从大纲、编写人员等方面给予最大的保障，汇聚全国力量保证了教材的政治性与权威性、科学性与学术性、理论性和应用性。党的十九大以来，党和国家更加重视高校思想政治理论课教材体系的科学性，对思想政治理论课程教材进行了全面系统的修订。教学体系是指导教师系统传授教材内容、实现教学目的的理论讲授表达体系，主要是指教师和学生共同完成的知识传授活动。它主要解决的是教师如何教课的问题，包括教师实施教学的程序、内容和方法，是为了完成教学目的、教师依据教学的对象、目的和情境等要素，融会贯通教材内容而设计的一整套实施方案，主要解决"为什么教""教什么"和"怎么教"的问题。[①]《马克思主义基本原理》《习近平新时代中国特色社会主义思想概论》《毛泽东思想和中国特色社会主义理论体系概论》《中国近现代史纲要》《思想道德与法治》《形势与政策》几门课程的教学体系有着内在的一致性，都是教师为了更好地实现教学目的，根据学生的实际和具体问题，围绕本课程的主线来设计的教学的程序、方法和内容。

教材体系和教学体系既相互区别又相互联系。二者在目标和本质上是一致的。就教学过程的开展来说，教材体系是教学的基础，是基本要求和指向，主要解决教什么的问题；教学体系是具体表现和实现途径，是教学关键，主要解决怎么教和怎么学的问题。就思想政治理论课程来说，教材体系和教学体系是课程教学涉及的两个方面，也是

---

① 房玫、汤俪瑾、黄金满：《思想政治理论课教学过程的优化》，安徽师范大学出版社2018年版，第70—71页。

· 123 ·

高校思想政治理论课教学过程优化研究

教学实践必须经历的两个阶段。[①] 教材体系是思想政治理论课教学实践活动的第一个转化阶段，它更多地体现了该课程的课程标准和国家对思想政治理论课教学课程标准的基本要求。教材体系向教学体系转化是思想政治理论课教学实践活动的第二个转化阶段，它是将国家对思想政治理论课的要求转化为可以直接作用于受教育者的内容体系的重要环节。

其二，高校思想政治理论课教材体系向教学体系转化的必要性。好的教材与好的教学效果之间并不直接相关。要不断推动中国特色社会主义理论体系进教材、进课堂、进学生头脑，需要推动高校思想政治理论课教材体系向教学体系转化。

一是高校思想政治理论课教材体系的特点决定教材体系必须向教学体系转化。首先是教材内容的政治性、学理性与教学所需的生动性和趣味性之间的矛盾，需要教材体系向教学体系转化，以提高教学过程的吸引力和感染力。当前，高校思想政治理论课教材内容政治性强，学理性深，内容较为抽象，缺乏生动性和趣味性。需要教师在语言风格上将教材语言转化为通俗、简明的日常用语，并结合现实社会中的焦点和热点问题，拓展教学内容的广度和宽度，使复杂的理论更加通俗易懂、易于接受。其次是教材内容体系的固定性、开放性与其教学方法的灵活性和精简性需求之间的矛盾，需要教材体系向教学体系转化，以提高高校思想政治理论课教学过程的针对性和有效性。思想政治课程的教材内容体系结构相对固定，可以划分为原理及其各组成部分的基本内容、马克思主义中国化的发展及各组成部分的基本内容、运用马克思主义立场、观点和方法认识和改造主观世界的教学内容三个层面。但思政课教学的对象面对的是具有主体性、创造性的

[①] 陈秉公：《试论思想政治理论课教材体系向教学体系转化的规律性》，《思想理论教育导刊》2008年第9期。

人，思政课的教学目的是使这一群体形成正确的世界观、人生观、价值观以及解决问题的立场、观点和方法。加之在具体的学期安排当中，思政课教学课时也相对固定，所以不能像专业课程教学一样，把所有的内容都列入教学计划当中，必须有所取舍，必须突出重点。

二是为了更好地发挥思想政治理论课的育人功能，需要教材体系向教学体系转化。相较于马克思主义理论的知识教育功能，思想政治理论课更为重要的功能是以课程为载体的思想政治教育功能及其本身的育人功能。该课程的育人功能可以表述为政治功能、思想功能和道德功能。如果仅仅依靠教材内容体系显然是难以满足思政课教学提高政治素质、道德素质的基本要求的。只有紧密结合高校思想政治理论课教学的具体需求，结合各学段不同受教育者的个性特点、接受特点、认知能力、心理特征、期待视野，把教材体系转化为教学体系，才能保证高校思想政治理论课程在发挥政治功能的同时，思想和道德功能也得以发挥。

三是立德树人的根本任务需要通过教材体系向教学体系转化来完成。高校思想政治理论课教学要"引导学生增强中国特色社会主义道路自信、理论自信、制度自信、文化自信，厚植爱国主义情怀，把爱国情、强国志、报国行自觉融入坚持和发展中国特色社会主义事业、建设社会主义现代化强国、实现中华民族伟大复兴的奋斗之中"[①]。如果单纯地依靠教材内容体系，说服力不强，只有完成教材体系向教学体系的转化，才能实现用党的创新理论武装学生头脑。

（三）实现显性教育和隐性教育相统一

"要坚持显性教育和隐性教育相统一，挖掘其他课程和教学方式

[①] 《习近平主持召开学校思想政治理论课教师座谈会强调 用新时代中国特色社会主义思想铸魂育人 贯彻党的教育方针落实立德树人根本任务》，《人民日报》2019年3月19日第1版。

中蕴含的思想政治教育资源。"① 显性教育与隐性教育的探讨主要是针对高校思想政治理论课教学过程的方法要素来谈的。无论哪种教育、教学过程都同时存在着显性教育和隐性教育。实现思想政治理论课教学的显性教育和隐性教育统一，是思想政治理论课教学的规律性问题。显性教育和隐性教育作为教育的两种不同的外在形式，有着不同的作用和效果。在高校思想政治理论课教学过程中，显性教育主要是指利用公开手段，通常是指课程教学，有目的、有计划、有组织地对大学生开展思想政治教育的方法。相对于显性教育而言，隐性教育具有非正规性、潜隐性、侧面性、间接性、迂回性和渗透性等特点。具体来讲，它是指思想政治教育者依据一定的社会目的和要求，以间接含蓄的方式将思想政治理论课教学内容呈现给大学生，使大学生在潜移默化中完成内化与外化。

　　显性教育和隐性教育具有相对独立性，二者相互转化，辩证统一，共同存在于高校思想理论课教学过程的始末，揭示高校思政课的内在联系和发展动力。② 首先，显性教育和隐性教育各有其侧重点。在实施的载体上，显性教育多以学科理论或政策为主，主要是指利用公开手段，有目的、有计划、有组织地对大学生开展思想政治教育的方法，通常以课堂教学为主，配合专题教育、主题讨论、学习整改等形式，具有内容系统、组织集中、目的明确、学习强制等特点。隐性教育主要是指思想政治教育者依据一定的社会目的和要求，以间接含蓄的方式将思想政治理论课教学内容呈现给大学生，使大学生在潜移默化中达到应用的道德理论水平，进而内化为自己的道德观念。隐性

---

① 《习近平主持召开学校思想政治理论课教师座谈会强调 用新时代中国特色社会主义思想铸魂育人 贯彻党的教育方针落实立德树人根本任务》，《人民日报》2019年3月19日第2版。

② 李长真、吴亚鹏：《高校思政课中显性教育与隐性教育的辩证思考》，《扬州大学学报》（高教研究版）2021年第1期。

第四章 高校思想政治理论课教学过程优化的目标

教育则主要是把大学生日常参与的服务、文化、管理、体育活动、社团活动等作为隐性教育的载体。在实践形式上,显性教育具有灌输性和强制性,通常是教师向学生灌输教育内容、传授学科内容的过程,学生常常处于被动状态。而隐性教育则主要是通过对受教育者无意识的作用来达到教育目的的,表现出更多的顺然性。在主客体关系中,显性教育表现出明显的固定性和等级性,即教育者和受教育者的地位相对固定,教育者处于主导地位,受教育者处于主体地位,教师在教学过程中具有权威性。在隐性教育中,教育者角色和受教育者角色界限模糊、边界不清,大学生表现出更多的主体性和创造性。在教学效果上,显性教育中的"灌输"方式很容易使学生产生逆反心理,从而产生思想政治理论课课堂效果不佳的现象。而隐性教育往往在不知不觉中对学生产生影响,进而达到"春风化雨、润物无声"的效果。其次,显性教育和隐性教育相互依存,不能独立于另一方面而存在。显性教育是当前高校思想政治理论课教学的主要方式,采用的教学方法以灌输为主。如列宁在《怎么办》中指出:"工人本来也不可能有社会民主主义的意识。这种意识只能从外面灌输进去。"[1] 马克思主义基本理论、主要观点和主要方法不会自动在头脑中生成,只能通过思想政治理论课教学进行灌输。显性教育表现出明显的价值和意义。但同时显性教育不能离开隐性教育,长时间的灌输式教学会使学生产生消极倦怠,使思政课教学效果收效甚微。因此,在教学过程当中,既要充分发挥课堂教学的主渠道作用,又要发挥隐性教育的特点,弥补显性教育的短板,把握显性教育和隐性教育之间的辩证关系,进而提升思政课的教育教学效果。因此,在高校思想政治理论课教学过程中要坚持显性教育和隐性教育相统一,既要坚持思想政治理论课显性教育,又要注重以隐性教育体系为支撑,二者互相取长补短、相互促

---

[1] 《列宁选集》第1卷,人民出版社1995年版,第317页。

进、相互融合、相互转化，发挥显性教育和隐性教育的合力，以共同服务于立德树人的根本任务。

此外，在高校思想政治理论课教学过程中，还要注重实现间接经验和直接经验相结合。间接性知识即他人或前人已经认识到的成果和经验，一般指书本知识和理性知识，包括理论知识和技能技巧。直接性知识是指学生亲身获得的认识和感觉，多以感性认识的形式呈现。思想政治理论课学习活动是一种综合性的认识过程，受教育者学习的是间接的经验和书本知识。这些间接知识是经过提炼的科学知识，包括有大量的人类优秀文化成果，诸如马克思主义基本原理和方法、马克思主义中国化的重大理论成果等，涉及历史知识、文化知识、政治、法律、心理健康等不同方面的文化成果。然而对于大学生而言，这些知识都是间接的、外在的。大学生只有通过对这些知识的学习，才能具备内化为自己的情感、态度和价值观的理论前提。但同时，受教育者需要在一定的理论认知基础上，将其付诸于社会实践，通过身体力行，去体悟马列主义、毛泽东思想、邓小平理论、"三个代表"重要思想、科学发展观和习近平新时代中国特色社会主义思想等科学真理的现实意义，才能加深对学习知识的理解和把握，也才能更好地将其内化为自己的思想和行为。

第二节　促进高校思想政治理论课教学过程环节的顺畅衔接

教学过程是在一定时空里，为实现教学目标，教师与学生采用一定的教与学的方法展开教与学的内容的连续程序。高等学校思想政治理论课承担着系统开展马克思主义理论教育的任务，是高校实现立德树人、铸魂育人的根本任务的重要课程，发挥着主渠道作用，是全面提高学生思想政治素质和道德素质的关键课程。充分发挥高校思想政治理论课教学过程的功能，需要以思想政治理论课教学过程的顺畅运行为前提，也就是需要实现高校思想政治理论课教学过程的环节衔接。

需要注意的是，教学环节展开的关键是要做到"有序"，即高校思想政治理论课过程中的教学环节需要完整、展开并且连续。高校思想政治理论课教学过程的完整性要求每个内容点的教学要透彻和完整，因而教学过程的连续应是教学知识与教学环节内在关联的连续，而不能是缺乏教学逻辑的无章法的连续；高校思想政治理论课教学过程的展开要求教学环节显现出如何通过教学内容和教学方法落实教学目标的过程；教学过程通过完整的、连续的展开表现出有序性，从而实现教学目标。此外，教学过程阶段的顺畅衔接是教学效果的支点和保障。而高校思想政治理论课教学过程各要素的配置程度，包括教学过程各个环节的起承转合度、相互关联度、相互融合度、相互渗透度，深刻影响着高校思想政治理论课教学过程的衔接状况。没有恰当的教学环节设计，高校思想政治理论课的知识结构的内在联系就无法呈现，有意义学习也就难以组织。为此，可以说，实现高校思想政治理论课教学过程的顺畅衔接，既是高校思想政治理论课教学过程优化的逻辑闭环，又是确保高校思想政治理论课教学过程各环节有效运行、稳定推进的重要举措，更是高校思想政治理论课教学过程优化的重要目标。

一 促进教师教学环节和学生学习环节的良性互动

高校思想政治理论课教学过程的两大核心环节，其一便是教师"教"的环节，其二便是学生"学"的环节，二者相互关联、相互作用决定着高校思想政治理论课教学过程的运行。教学相长规律是贯穿教学过程发展的基本规律，它要求实现教师教学环节和学生学习环节的相互呼应。教和学各自以对方的存在为前提，二者相互依存、相互作用。"教学相长"这一教育思想最早可以追溯至战国后期思孟学派的《学记》，指的是通过教学，学生不但要得到进步，教师自己也能得到提高。"相长"是对教学双方关系的客观要求和必然规定，对教与学双方都做出规定，即教要长学，学也需长教，二者辩证统一。从辩证法角度来看，教和学之间表现出矛盾关系，二者既对立又统一，既相互联系、相互渗透又相互转化。有学者对思想政治理论课教学过程中如何遵循教学相长这一规律做出了具体阐释：其一，教师和学生必须要互相尊重，在教学过程中能够体现出一种情感效应，处理好思想政治理论课教学过程中师生之间的感情。其二，教师和学生必须要相互学习，进而在教学过程中实现一种双边互补效应。其三，注重教学过程中的发展效应，根本目的在于进步、在于发展、在于教学质量的提高。[①] 为此，实现高校思想政治理论课教学过程的优化，必须要实现教师教学环节和学生学习环节的相互呼应。首先是要保障教学过程中"教师教学"环节和"学生学习"环节的相互呼应，即教师"教"的环节与学生"学"的环节要保持呼应流畅、衔接顺畅。也就是说，高校思想政治理论课教学过程中，"教师教学"环节与"学生学习"环节在逻辑上要相互关联、相互呼应，不仅教学内容要具备自身的逻辑自洽性，同时教学过程中，教师"教"与学生"学"要有逻辑联动性和逻辑互动性。因为教学内容若不符合知识结构所显示的内在联系、不符合教学过程中教师的教学规律、不符合学生学习的学习特点和学习规律，则极易引发学生思维阻塞，难以实现教师"教"与学生"学"这两大环节的相互呼应和彼此衔接。为此，要实现高校思想政治理论课教学过程的优化，教师"教"的环节与学生"学"的环节就要实现相互呼应、相互贯通、

---

① 石云霞：《高校思想政治理论课程建设史研究》，武汉大学出版社2006年版，第307—311页。

第四章 高校思想政治理论课教学过程优化的目标

相互作用。

高校思想政治理论课教学环节的相互作用、前后呼应与贯通，是建立在教师对高校思想政治理论课教学各环节的整体把握上，教师"教"的环节不应是孤立的，而是与教学设计、教学组织，特别是与学生学习、巩固等环节息息相关的。高校思想政治理论课前期的教学设计、教学准备等为教学组织及后期的教学行为做铺垫，为学生学习环节提供教学指引和教学指导，即既可以提升学生的学习兴趣和学习热情，降低教学过程中教师"教"与学生"学"之间的传统隔阂，也可以降低后续教学过程中的学生的学习难度，更好地加强学生理解后续相关的学习内容。此外，教师"教"与学生"学"这两大环节应有机衔接起来。一般而言，教学环节的衔接需要依据学科知识的内在逻辑关系来实现各环节的有机衔接，每个教学环节应该环环相扣，教师"教"的环节是学生"学"的环节的基础，学生"学"的环节是教师"教"的环节的必然发展，为此，可以说，在高校思想政治理论课教学过程中，教师"教"的环节是学生"学"的环节的前提和基础，学生"学"的环节是教师"教"的环节的反馈和继续，只有做好了教师的"教"，学生的"学"才会有效、才会发展。单个的教学环节仅是教学过程连续体中的一个环节，只有实现每一个环节之间的良好衔接，才能确保思想政治理论课教学过程的整体性，进而更好发挥整体教学功能。因此，只有把教师"教"的环节和学生"学"的环节实现良好衔接，确保教学过程中教师"教"的质量和学生"学"的质量，才能更好地发挥出高校思想政治理论课教学过程的整体功能，继而提升高校思想政治理论课教学过程的整体质量。

二 促进高校思想政治理论课教学过程各环节的有效衔接

高校思想政治理论课教学过程中各个环节的有效衔接程度，深刻影响着教学效果的质量和水平，为此，高校思想政治理论课教学过程

高校思想政治理论课教学过程优化研究

的优化，要求实现高校思想政治理论课教学过程环节的顺畅衔接，就需要实现高校思想政治理论课教学过程中各阶段的有效衔接。高校思想政治理论课教学过程的阶段，教学的质量和水平与教学过程中各阶段的衔接程度密切相关。为此，实现高校思想政治理论课教学过程环节的有效衔接是实现过程整体优化的重要方面，包括教学设计环节、教学组织环节、教学实施环节、教学评价与反馈环节之间的顺畅衔接等，各环节形成连接闭环，实现有效衔接，才能从整体维度提升高校思政课教学的整体质量和水平。

首先，高校思想政治理论课教学过程的优化，要求实现教学组织环节和教学设计环节的有效衔接。教学过程组织是教学过程设计的逻辑前提和基础，只有教学过程组织工作做得好，才能凝聚起教学所需的各股力量，才能更好地服务于教学过程设计、教学过程实施等高校思想政治理论课教学过程的各阶段。高校思想政治理论课教学过程的组织阶段，包含着学校、学院、教研室等力量对教学过程的整体把握和整体优化，是优化设计阶段的前提。只有以教学过程组织工作和设计工作为前提，把对高校思想政治理论课的整体目标、阶段性目标、设计要求，组织开展要求、实施要求等融入高校思想政治理论课教学过程的设计阶段，才能保证教学设计的有理有据及其科学性，也才能更好地为高校思想政治理论课教学过程的其他阶段做好铺垫。

其次，高校思想政治理论课教学过程的优化，要求实现教学设计环节和教学实施环节的有效衔接。教学过程设计是教学过程实施的逻辑前提和基础，教学过程设计包含着对高校思想政治理论课教学实施的整体要求和课标要求，同时也包含着对教学过程实施效果的总体目标，为教学实施、教学开展工作提供了教学的理论指导和实践要求；而教学过程实施是对教学设计的总体反映，沿着设计的目标和要求来实施教学，才有可能取得较优效果。为此，优化教学过程的设计阶段，确保教学过程设计环节和过程实施环节之间的衔接顺畅，从而从整体层次确保高校思想政治理论课教学过程实施的目标性和有效性，进而促进教学过程整体质量的提升。

再次，高校思想政治理论课教学过程的优化，要求高校思想政治理论课教学过程实施环节和教学过程评价与反馈环节的有效衔接。教学过程实施是教学评价与反馈的逻辑前提和基础，高校思想政治理论课教学过程实施环节的效果，是能够直接通过教学评价环节反馈出来的。一般而言，教学过程评价良好，说明教学过程实施阶段的开展相对顺利；反之，教学过程评价差，则说明教学过程的实施、教学开展工作不佳。为此，只有将高校思想政治理论课教学过程实施环节与评价反馈环节二者有机统一起来，将教学过程评价与反馈反映到教学过程实施环节，通过调整教学过程的具体实施，根据学生学习特点和规律、教师教育规律，统筹规划好高校思想政治理论课教学过程的实施环节，才能确保高校思想政治理论课教学过程的整体效果，这也是优化高校思想政治理论课教学过程其他环节的核心旨归。

最后，高校思想政治理论课教学过程的优化，要求实现各环节之间的有效衔接。教学过程评价与反馈是更好融合教学过程各环节的逻辑起点，也是实现教学各环节有机统一、有效衔接的逻辑终点。教学过程评价能够总体上反映教学过程的组织开展情况、教学过程的设计合理情况、教学过程的实施效果情况，通过教学过程的评价与反馈，来调整甚至重新规划教学过程的组织、设计和实施，实现教学过程组织、设计、实施和评价的有效衔接、有效运作，才能更好地提升教学过程的质量和水平。

第三节　实现高校思想政治理论课教学过程的功能耦合

高校思想政治理论课教学过程的功能是教学目标在教学过程中收

到的实际效果。高校思想政治理论课教学过程本身是一个由多要素、多环节构成的有机整体。高校思想政治理论课教学过程的功能具有多方面性、相互联系性及交叉渗透性。因此，确保功能耦合是高校思想政治理论课教学过程优化目标的重要方面。

一 高校思想政治理论课教学过程的基本功能

所谓功能是指事物能够产生的功效和作用，它并不能独立发挥作用，而要在与系统内部和外部之间的相互联系的过程中才能发挥作用。借鉴功能主义的基本理论，功能与结构紧密相连，各个不同结构具有不同的功能。依据前文对高校思想政治理论课教学过程的本质界定，即高校思想政治理论课教学过程既是一个教学过程，又是一个思想政治教育过程，还是大学生的个体发展过程，因此笔者认为，高校思想政治理论课教学过程的功能有知识传递功能、思想政治教育功能、个体发展功能。

（一）知识传递功能

知识传递功能是教学过程最主要的功能。早在17世纪，捷克著名教育学家夸美纽斯在《大教学论》中主张把一切知识教给一切人。在赫尔巴特时期，教学过程的知识传递功能更加得到确立。巴格莱把社会进化定义为积累和提炼人类知识的进步过程，从最广泛的意义上讲，教育则是传递这些知识的过程，或者说教育是传递人类积累的知识中具有永久不朽价值的那部分的过程。[①] 知识传递功能是教学过程中最主要的、最基本的功能，狭义上的教学过程就是指学生接受人类已经积累的知识和经验的过程。科学文化知识是时代赓续的结果，是系统化、可传播和有价值的经验，是文化的一种基本存在形式；而大学教育活动的主要对象是青年大学生，社会历史认识总是走在青年大

---

① ［美］巴格莱:《教育与新人》，袁桂林译，人民教育出版社2005年版，第37页。

第四章 高校思想政治理论课教学过程优化的目标

学生的认识之前，大学生正处于人生的"拔节育穗"的关键时期，需要不断学习科学文化来增长知识、学会本领。教师通过高校思想政治理论课教学过程有目的、有计划、有组织地向大学生系统传授马克思主义理论基础知识，使大学生掌握基本的马克思理论的基本原理和方法论。高校思想政治理论课教学过程的知识传递功能是高校思想政治理论教学过程的基本功能，是针对大学生接受思想政治教育的选择性和可塑性特性，促进学生对所学知识的理解和内化，主要解决"知"的矛盾，是发挥高校思想政治理论课教学过程其他功能的基础和前提。

（二）思想政治教育功能

其一，政治导向功能。习近平指出："政治引导是思政课的基本功能。强调思政课的政治引导功能，并不是要把课讲成简单的政治宣传，而要以透彻的学理分析回应学生，以彻底的思想理论说服学生，用真理的强大力量引导学生。"[①]

思想政治理论课程存在的根据是源于其本身的政治属性。政治导向功能在高校思想政治理论课教学功能体系中居于首要位置，这一功能体现了思想政治教育的根本目的和根本属性，体现了高等学校教育的方向性和目的性。思想政治教育尤其重视大学生的培养及发展，开展高校思想政治理论课程的首要目的就是对大学生进行思想政治教育，它对青年大学生有多方面的要求，而正确的方向是首要因素。大学生自身政治方向的正确与否，不仅对其个体健康成长作用重大，而且对国家和社会的当前运行和未来发展有着深远影响。高校通过思想政治教育教学活动把正确的思想观念、政治观点和理想信念等传递给大学生，使他们把社会主导的价值观念内化为学生个体思想政治观念，从而形成与社会发展相适应的政治方向，帮助学生按照社会所期

---

① 习近平：《论党的青年工作》，中央文献出版社2022年版，第191页。

望的方向发展。旗帜鲜明地宣传马克思主义，引导和帮助学生树立正确的世界观，是思想政治理论课教学政治导向功能的重要内容。大学生通过学习马克思主义的基本观点和方法论基础，可以形成对马克思主义理论的整体性认知，对马克思主义中国化相关理论成果的了解关注，对新时代中国特色社会主义道路的理论认同、实践认同，更加坚定其自身的理想信念。通过学习近代以来中国人民奋斗的历史，充分了解和把握我国的历史和国情。通过接受社会主义道德教育、法治教育，使自身道德素质、法治观念得以不断提高。历史和现实都清楚地证明，在社会主义这个思想宣传阵地上，要通过思想政治理论课这一重要途径积极创造政治舆论，坚持不懈地宣传本阶级的政治观点和政治理论，把党的政治路线、方针、政策传播和深入到大学生头脑当中，使之建构科学的世界观。[①]

其二，道德培养功能。思想政治理论课教学过程的道德培养功能是指大学生将社会所需要的价值观念和行为规范内化为自身的认知体系，并外化为自身的具体行动。这一过程的道德培养功能可以体现在四个方面：一是体现在对大学生的道德价值引导上。通过澄清与道德相关的大是大非问题，引导大学生去进行正确合理的道德价值判断。二是表现在对大学生的理论灌输上，通过理论知识学习，使大学生熟悉和掌握各种具体的道德规范。三是表现在对大学生的人格塑造上，通过思想政治理论课教学过程，使大学生内在品性和外在行为合乎道德规范，实现内外统一。四是表现在对大学生的道德能力的培养上，使大学生在道德素质上能够适应飞速发展的社会变化，具备正确的道德判断和道德推理能力。

（三）个体发展功能

教学过程可以有效地促进学生的智力与能力、情感与意志品质、

[①] 柳礼泉主编：《大学思想政治理论课实践教学研究》，湖南大学出版社2006年版，第19页。

第四章 高校思想政治理论课教学过程优化的目标

个性与体魄的健康发展,培养学生的创新精神、探究和实践能力。从表面上看,教学过程是通过教师向大学生传递人类和民族的科学文化遗产的过程,但教学过程内在的深刻性还在于它担负着大学生发展的重要任务。实现人的自由而全面的发展是共产主义的根本价值追求,是社会发展的最终目标。马克思在《共产党宣言》中明确指出:"代替那存在着阶级和阶级对立的资产阶级旧社会的,将是这样一个联合体,在那里,每个人的自由发展是一切人的自由发展的条件。"[①] 著名教育家和心理学家赞科夫通过教育实验证明:学生掌握了知识,并不说明他们获得了相应的发展。教学走在发展的前面,引导和促进发展。教学只有在发展上下狠功夫,使得学生得到一般的发展,包括智力、能力的发展和情意、身体的发展,才能保证教学成就上有所突破。高校思想政治理论课教学过程的个体发展功能是指通过思政课教学不仅能够使大学生的思想道德素质得到提升而且也大大地促进个体的发展。"内化于心,外化于行"是开展教学过程的最终目标。大学生群体通过理论教学过程与实践教学过程的相互联系,选择、接受和体悟社会价值并且把文化上升到公认的思想、情感和行为当中,可以实现正确引导大学生积极参与社会实践,促进大学生将深刻的理论思维与鲜活的感性体验相结合,将理论知识在亲身感受和体验中去印证,深刻体悟马克思主义理论和现实的价值,将教学内容逐步转化为自己的内心需要,转化为大学生自觉奉行的理想信念和行为准则,对所学理论知识进行体悟,从而增进大学生群体的个体发展。

二 实现高校思想政治理论课教学过程的功能耦合

功能耦合是实现高校思想政治理论课教学过程优化的又一重要问

[①] 《马克思恩格斯选集》第 1 卷,人民出版社 2012 年版,第 422 页。

题。在上文已经分析过思想政治理论课教学过程结构，即高校思想政治理论课教学过程是内部构成要素紧密联系、相互关联、彼此作用的共时结构；其次是教学活动的历时结构，也称教学环节的历时结构。实现教学过程系统结构的最优化就是实现内部各构成要素紧密联系、相互关联、彼此作用，使各要素之间相互匹配、有机结合。实现教学过程的时空结构的最优化就是促使高校思想政治理论课教学各环节之间的衔接顺畅。实现逻辑结构的最优化就是使过程的逻辑结构与教学本身的逻辑结构、学科知识体系的内在逻辑性、学生的认知过程和认知规律相匹配。事物的结构决定功能。结构体现了教学过程内部的联系和作用，功能则正好相反，反映教学内部与外部的关联和作用。高校思想政治理论课教学过程是结构与功能的统一。石云霞基于"元结构""本结构"和"构结构"把教学过程的功能划分为"元功能""本功能""构功能"。[①]其中"元功能"是指教学过程相对独立的诸要素在独立状态下，不依赖整体而具有的功能。"本功能"是指各个要素的"元功能"机械之和，要素数量越多，事物的功能就越大。"构功能"是指教学过程的整体结构所形成的功能。在复杂的整体系统中，会产生比"本功能"大得多的功能。尤·克·巴班斯基认为教学过程的内容、结构和发挥作用的逻辑都要与学生的教学、教育和发展相匹配，这是衡量教学过程最优化的质量标准。[②]赫尔巴特指出，教学的最高的、最后的目的包含在这一概念之中——德行。知识教育是指传授科学与人文知识，发展智力与培养能力。道德教育是指对思想品德方面的教育。知识教育和道德教育是辩证统一体，知识教育是道德教育的条件和基础。但人

---

① 石云霞：《高校思想政治理论课程建设史研究》，武汉大学出版社2006年版，第294—295页。

② ［苏］尤·克·巴班斯基：《教学过程最优化——一般教学论方面》，张定璋等译，人民教育出版社2007年版，第58页。

第四章　高校思想政治理论课教学过程优化的目标

类头脑思维形式，是以一定的词语、概念为代表的知识为材料的。离开了这些知识材料，思维就会成为无源之水、无本之木。离开了知识、失去了基础和表现的条件，道德教育只是一句空话。道德教育为知识指明方向、提供动力。不以道德教育为目的的知识教育也毫无意义。[①] 任何课程的教学都不仅仅局限于知识技能的传授和获得，都是在知识教育过程中蕴含德育的因素，也都为道德教育服务。思想政治理论课教学的知识教育和道德教育都蕴含在整个思想政治理论课教学过程当中，以课程、教材为依托，知识教育和道德教育相统一于教学过程中。为此，这里笔者近似地把高校思想政治理论课教学过程的整体功能区分为教学功能、教育功能和发展功能三个向度。教学过程的功能包括教学功能、教育功能与育人功能，三者之间相互联系、相互作用、相互制约，这种既联系又制约的关系一般体现在高校思想政治理论课教学过程的功能整合上，它们之间彼此适应、相互转化，共同发挥教学过程的整体功能。教学功能是高校思想政治理论课教学过程的基本功能，它主要是大学生通过思想政治理论课课堂学习，形成对该课程基本内容的认知，逐渐树立马克思主义的基本理论和观点，在头脑中逐渐形成一种马克思主义理论体系。这个基本功能的发挥恰是教育功能和育人功能发挥的前提和条件，它提供了教育功能和发展功能发挥所需要的基本条件。只有借助于教学功能的发挥，教育功能和发展功能才能得以实现。教育功能指的是思想政治教育功能，是使统治阶级思想占据大学生头脑，德智体美劳全面发展的功能。发展功能是指高校大学生在教学功能发挥的基础之上，将其内化并运用于实践当中，促进个体全面发展的功能。这三大功能之间互为因果、相互转换，构成高校思想政治理论课教学过程功能的耦合系统。其中教学功能的正常发挥是

---

① 张焕庭主编：《西方资产阶级教育论著选》，人民教育出版社1964年版，第257页。

实现的基础，决定着思想政治理论课教育教学功能的整体发挥。教育功能和发展功能的发挥要以教学功能的发挥为前提，功能耦合才有实现的可能。

第四节 推动高校思想政治理论课教学过程的整体优化

恩格斯指出："世界表现为一个统一的体系，即一个有联系的整体。"① 任何一门科学都应该竭力把客体当作整体来认识，以提高认识水平的科学性。高校思想政治理论课教学过程是由多要素、多环节构成的系统整体。在整体优化规律的基础之上，实现教学过程的整体优化是高校思想政治理论课教学过程优化研究的最终目标。

一 把握高校思想政治理论课教学过程的整体属性

高校思想政治理论课教学过程本身的整体特性要求其实现保证高校思想政治理论课教学过程的整体优化。首先，高校思想政治理论课教学过程的整体性根源于马克思主义理论的整体性。整体性是马克思主义的固有本性和内在品格。列宁指出："马克思学说具有无限力量，就是因为它正确。它完备而严密，它给人们提供了决不同任何迷信、任何反动势力、任何为资产阶级压迫所作的辩护相妥协的完整的世界观。"② 马克思主义理论的整体性要求既要对马克思主义的内容整体性进行研究，也要对马克思主义的方法整体性进行建设，更要从实践整体性角度对马克思主义进行研究。高校思想政治理论课教学是对马克思主义理论的科学阐释和传播表达，其目标是帮助大学生掌握马克

---

① 《马克思恩格斯文集》第9卷，人民出版社2009年版，第346页。
② 《列宁全集》第23卷，人民出版社1990年版，第41页。

第四章 高校思想政治理论课教学过程优化的目标

思主义基本原理、正确认识个人与社会的关系、提升政治素养、实现思想成长。马克思主义理论的整体属性规定了思想政治理论课教学过程的整体属性，要求在教学目标、理念、内容、方法等方面的研究上始终坚持整体性观点。在教学理念上，马克思主义理论强调以人为本的系统的逻辑整体；在教学内容上，马克思主义理论是一个完整而严密的科学理论体系，涉及哲学、政治学、经济学、民族学、社会学、美学等诸多领域；在教学方法上，马克思主义是完备而严谨的世界观与方法论体系，强调从客观实际出发，强调将研究对象置于相互关联的整体之中，使系统内部各要素、各部分之间形成相互联系、有机结合、整体相连。其次，高校思想政治理论课教学过程的整体性源于思想政治教育教学过程的系统性。系统的根本特征在于它的整体性。高校思想政治理论课教学过程作为一个系统体系也不例外。所谓整体性，是指高校思想政治理论课教学过程作为一个具有横向贯通、纵向衔接属性的统一体，系统中各个要素、各个环节相互作用、相互联系、密切相关，共同发挥高校思想政治理论课教学过程的整体功能。再次，高校思想政治理论课教学过程的整体性源于教育对象的整体性。整体性是人的特征，是教育的特征。苏霍姆林斯基指出，人是一个不可分割的整体，包括道德的、智力的、情感的、审美的、创造的。尤·克·巴班斯基指出，社会主义学校的教育教学过程具有明显整体性，以培养全面而和谐的人为基本目标。高校思想政治理论课教学过程优化的最终目标就是更好地促进受教育者在各方面的全面发展。最后，高校思想政治理论课教学过程的整体性源于这一过程的基本属性。将系统科学思想方法运用到教学过程中，有利于我们从整体上把握教学过程这一系统工程。从系统科学的角度来看，教学过程是一个由教学任务、教师、学生和教学手段构成的运动过程。这个运动过程要达到的目的任务是多方面的，既要使学生获得扎实的知识与技能，培养学生的能力和思想品德，又要进行体育、美育、生产劳动的教育，教学过程是使这些任务全面地、和谐地发展的过程。高校思想政治理论课教学过程是一个由多任务、多层次、多要素构成的系统整体。高校思想政治理论课教学过程优化的目标要充分考虑其本身的复杂性，要充分观照到它的多层次性、多领域性。兼顾教学过程的多层次性、多领域性就要求实现整体的、系统的优化。在要素维度上，教学过程中的教师、学生、目标、原则、内容、方法等相互依存、相互作用。缺少任何一个要素的优化，教学过程的优化都是不能实现的。只有这些要素整体优化、相互配合才能保证教学过程整体功能的最优化。

具体到单个要素的优化，同样也具有整体属性。比如，教学目标是认知、情感、道德、信仰等方面目标的有机统一；教学目标的优化就是认知目标、情感目标、道德目标、信仰目标的整体优化。就其中的认知目标优化而言，它又是感知、记忆、思维等方面目标整体优化的有机组合体。在环节维度上，要从整体上展开思路，考虑实施步骤，安排教学环节。教学过程功能的整体性发挥。从教学过程的整体功能层面上看，整体功能大于各部分功能之和。构成教学系统的各要素有机联系是系统整体性的结构基础，而各要素功能的相互配合与协调保证了教学整体功能的发挥。教学过程的整体性体现在教学目标的引领、内容的调整、方法的改进、评价机制的运作等动态过程的协调一致性上。这也就是说，要对教学过程进行整体优化。

二 明确高校思想政治理论课教学过程最优化的标准

高校思想政治理论课教学过程最优化有其实现可能：一是客观世界和实践过程存在最优。客观世界的存在形式多种多样，其运动过程千变万化，但它们受着自身规律的驱动，总是存在一种最优化的发展过程和内在趋势。社会实践过程中，各种因素的交互作用、彼此错综，然而由于社会发展规律的内在驱动，社会实践过程也总是存在一

第四章　高校思想政治理论课教学过程优化的目标

种最优化的发展趋势。二是现代科学揭示最优。有学者指出，最优化方法是对于可控制的因素，确定它们应该取何值时，能使选定的目标达到结果的方法。最优化方法现已成为现代数学的一个分支。主要方法有静态最优化和动态最优化两种类型，以求达到认识世界和改造世界的最理想的目的。① 三是哲学更高、更深地揭示出最优。从唯物论来说，哲学揭示了客观世界和实践过程中存在着最优。就辩证法来看，客观世界纷纭复杂，变化万千，其间存在着本质与现象、必然与偶然、根据与条件、内容和形式、可能与现实等复杂的辩证关系。对于这些复杂的辩证关系，应该从唯物辩证法的理论高度，遵循最优化的原则和思路加以考察和处置。就认识论来说，面对复杂的客观世界和实践过程，如何最优化地认识和改造世界，这是认识论应当始终把握的最根本问题。

尤·克·巴班斯基依据劳动活动最优管理的一般标准提出教学过程最优化的检验标准，为确定学科教学过程最优化的检验标准提供了重要参考和理论启示。总体来看，教学过程最优化的标准可以概括为两条：一是效果质量标准；二是时间消耗标准。② 这个标准内在地包含三层意思：一是要全面评价教学效果。评价教学效果要从教养、教育和发展三个方面出发，也就是从学习成绩、品德修养、心理发展等出发，进行全面评价，防止片面性。依据我国的情况，所谓全面评价，就是把德智体美劳全面发展作为评价教学效果标准。二是要看具体条件和实际学习可能性。评价教学效果要看具体条件和实际学习可能性，就是强调按照每个学校、每个班级、每个学生、每个教师的具体条件和实际学习可能性来评价，实际学习可能性，不是抽象的可能

---

① 刘蔚华主编，王文英、韩民青副主编：《方法论辞典》，广西人民出版社1988年版，第105—106页。
② ［苏］尤·克·巴班斯基：《教学过程最优化——一般教学论方面》，张定璋等译，人民教育出版社2007年版，第58页。

性和能力。实际学习可能性是内在条件和通过个人反映出来的。对其学习成绩有直接影响的外在条件的统一,这就要求教师不仅了解学生实际学习可能性,而且必须了解他们的"最近发展区"。总之,要从实际出发,在现有条件下,达到最大的而又是可能的教学效果。任何学生都可以实现学习最优化。即使是"差生",只要充分发挥主观能动性,学习成绩达到及格标准,也可以说是实现了最优化。凡是发挥了全部可能性的,都可以认为是最优化。三是要有评价教学效果的客观依据。教学过程最优化,不是增加或减少教学任务,改变原有的教学目标。教学任务和教学目标在教学大纲里有明确规定。因此,评价教学效果要用国家颁发的统一教学大纲。具体的考核和评定学习成绩的标准也应是如此。当然,实现教学过程最优化并不意味着要增加教师和学生的负担,为了在不加重师生负担的情况下获得最优教学效果,必须明确规定教学时间用量,尤其是家庭作业时间量。时间标准是教学过程最优化的重要标准。除了上述两个基本标准,尤·克·巴班斯基还指出了其他标准,例如,花费最少必需的教学经费标准等。

思想政治理论课教学过程最优化具有一般教学过程最优化的共同特征。从主体优化的视角来讲,要实现教师教的过程优化和学生学的过程的优化的辩证统一;从要素优化的视角来讲,思想政治理论课教学过程的优化是结构要素整体优化的结果,教的过程和学的过程统一于教学目标;从优化的机理上来看,思想政治理论课教学过程的优化既要考虑到社会需要又要兼顾到学生特征和学科特点,满足教与学的需求。但同时,由于思想政治理论课程的特殊属性,高校思想政治理论课教学过程的优化又表现出自身的独特特征,即方向性、思想性和科学性的有机统一。其中方向性是其优化的本质特征,它体现了优化的目的。即用马克思主义、毛泽东思想、邓小平理论、"三个代表"重要思想、科学发展观和习近平新时代中国特色社会主义思想来武装大学生头脑,培养合格人才,保证党和国家事业长远发展,助力中华

第四章 高校思想政治理论课教学过程优化的目标

民族伟大复兴。思想性是高校思想政治理论课教学过程优化的内在特征，它着眼于帮助大学生掌握马克思主义的立场、观点、方法，树立正确的世界观、人生观和价值观，引导大学生把社会主义核心价值观的要求变成日常行为准则。科学性是高校思想政治理论课教学过程优化的基本特征，它是指教学在内容维度和方法论维度上的科学性，要求思想政治理论课教学以真理的力量说服人，以灵活的方法吸引人。因此，笔者认为高校思想政治理论课教学过程优化的检验标准为：价值标准、效果标准、科学标准。

一是价值标准。价值标准原本是用来衡量客体对主体需要和利益的满足程度的标准，常用的类型包含经济价值、社会价值和学术价值。具体到高校思想政治理论课教学过程最优化的检验标准，则主要关注其优化的社会价值标准和经济价值标准。首先是优化的社会价值。判定思想政治理论课教学过程优化的标准就是方向性，即这样的优化是否具有社会价值，如果一个教学过程的设计方案很好，整个操作过程的结构和环节也十分顺畅，教学效果也深入人心，但是指导思想存在方向问题，那么这种优化就是毫无意义的，甚至是起反作用的。思想政治理论课教学过程优化的基本原则必须是方向性，即主要以理论知识为载体，用科学理论知识武装大学生头脑，培养德智体美劳全面发展的社会主义事业建设者和接班人。其次是高校思想政治理论课教学过程优化的经济价值，即时间性和空间性。时间性是指，教学过程的最佳方案，不但要考虑效果，而且还要注意时间性。从一定意义上说，时间经济是一种最重要的经济因素，时间的节约是最大的效果。就是说，一种教学方案实施的效果尽管很好，但是如果缺乏时间观念，不注意时间的节约，也是不可取的。所以，我们强调的是既要讲求有效性，又要注意时间的节约，力求"多快好省"。空间性是指，一种好的教学方案，必须有推广的价值。或者说，既要具有典型性，又要具有普遍性。如果说，一种教学方案即使效果很好，也很节约时间，但是只有局部的价值，没有推广的价值，从空间范围来说，这种效果也是有限的，或者说不能称作最好的效果、最佳的有效性。所以从这个意义上说，对思想政治理论课教学过程的方案及操作的创新提出了更高的要求。①

　　二是效果标准。最优的教学过程是在一定条件下顺利达到特定目标的最高效的教学过程。有效性是思想政治理论课教学的生命。效果标准是指，在特定时间内知识维度、教育维度、发展维度等方面的目标都能得到最高可能的实现，以尽可能地提高思想政治理论课教学的有效性、保证思想政治理论课教学效果。长期以来，思想政治理论课教学的效果问题一直是人们关注的焦点，从总的情况来看，满意者不多，批评者甚多；甚至还有一些极端的意见，认为学生学思想政治理论课是浪费时间，不如索性取消，把时间给其他课程。② 笔者并不赞同这种观点，但是认为思想政治理论课教学的确存在如何进一步提高质量、增强教学的有效性问题。

　　三是科学标准。教学过程的科学标准是用以评定教学过程的设计、教学过程的组织实施、教学过程的评价反馈是否同教学过程的规律、思想政治教育规律、大学生成长成才规律相符合，是否遵循理论联系实际的原则。在评价教学过程科学化的问题上，第一，要有全面的观点，也就是说在教学检查和评价时，不仅要注意检查知识技能的掌握情况，而且要检查知识技能的发展情况和品德的形成情况；第二，要有客观性的观点，也就是说，对于教学过程，必须有多种检查形式，使反馈的信息客观可靠。③ 此外还应注意评价的科学化。在运

---

　　① 石云霞：《高校思想政治理论课程建设史研究》，武汉大学出版社2006年版，第296—297页。
　　② 石云霞：《高校思想政治理论课程建设史研究》，武汉大学出版社2006年版，第296页。
　　③ 石云霞：《高校思想政治理论课程建设史研究》，武汉大学出版社2006年版，第296页。

第四章　高校思想政治理论课教学过程优化的目标

用评价方法时,既采用定量方法,又运用定性方法;既要注意终极性评价,又要重视形成性评价。

当然,以上三种标准不是相互矛盾的,而是相互联系、辩证统一的。价值标准是效果标准和科学标准的前提,科学标准是价值标准和效果标准的保证,效果标准是价值标准和科学标准的目的。它们既合目的性又合规律性;既体现科学性又体现人文性,并统一于社会实践当中。

第五章

高校思想政治理论课教学过程优化的机制与原则

在明晰了高校思想政治理论课教学过程优化的目标之后，本章需要进一步深入探究其优化的机理，即高校思想政治理论课教学过程优化的机制问题。另外，还有必要从高校思想政治理论课教学过程优化的要素、结构之间纷繁复杂的联系和矛盾运动中，概括出高校思想政治理论课教学过程优化的原则。

第一节 高校思想政治理论课教学过程优化的机制

"机制"一词最早源于希腊文，是关于机器的构造原理和工作原理的描述。不同学科对机制有不同的阐释：社会学中将机制解释为对各部分关系进行协调的具体运行方式。生物学中将机制等同于生物功能。经济学中认为，机制是经济体内的诸要素之间的相互关系。管理学对机制的解释为系统的结构及其运行机理。总体来看，"机制"是指系统各要素之间的相互关系、结构作用及运行方式和运行原理。机制在系统运行过程当中处于基础、根本的位置。在任何一个系统中，机制都起着最基本的作用。理想的状态下，有了良好的机制，甚至可以使一个社会系统接近于一个自适应系统——在外部条件发生不确定变化时能自动作出反应，实现优化目标。① 高校思想政治理论课教学过程本身是一个动态的发展过程，动力机制、整合机制和保障机制构成高校思想政治理论课教学过程的优化机制，以下将从动力机制、整合机制和保障机制来具体阐述高校思想政治理论课教学过程的优化机制。

一 高校思想政治理论课教学过程优化的动力机制

物理学认为，动力是能够推动机械做功的力量，如水力、风力、电力等。系统理论认为，动力是推动事物运动和发展的根本力量，任何系统的演进与发展都离不开其本质动力的影响与作用。毛泽东指出，矛盾着的对立面既统一又斗争，由此推动事物的运动和变化。矛盾是推动事物发展的根本动力。教学过程的动力就是指在教学过程中能够产生基本矛盾的诸种要素之间相互作用、相互影响所产生的动力能源。② 从学生的学习动力来讲，矛盾才是原动力的起点，压力、激励等外部褒贬的影响力是十分有限的。高校思想政治理论课教学过程中的矛盾不仅是客观存在的，也是普遍存在的。高校思想政治理论课教学过程的动力源，是指教学过程运行和发展的动力，来自系统内部诸多要素的矛盾运动。教学过程运行的历程是"矛盾的产生—矛盾的打破—矛盾的再产生—矛盾的再打破"这样一个循环往复的过程。高校思想政治理论课教学过程作为一个整体系统，多重动力综合作用推动系统运行，进而实现结构优化。因此，要科学把握高校思想政治理论课教学过程优化的动力机制，首先需要明确其优化的动力来源。

---

① 华学成、王红艳、张琴：《高校思想政治理论课理论与实践一体化教学模式研究》，中国矿业大学出版社2014年版，第74页。

② 吴也显主编：《教学论新编》，教育科学出版社1991年版，第103页。

高校思想政治理论课教学过程优化研究

（一）高校思想政治理论课教学过程优化的动力来源

探究教学过程的动力来源是本研究需要深入考察的问题。教学过程发展的动力问题是学者们持续关注的热点问题。心理学和教育学等相关学科的关注和探究取得了诸多研究成果，使教学过程的动力研究得以纵深发展。心理学视角下教学过程的动力研究多是从人的需要、兴趣、情感、性格等角度出发去阐释，关注点多集中于个体层面。教育学视角下教学过程的动力研究多是在综合心理学、社会学等学科的研究基础上去阐释，研究视角相对多元，如美国实用主义教育学家杜威认为，人力是教育的动力，这种动力是先天的、自然拥有的。法国社会学家涂尔干认为，社会力是教育的动力，多是通过社会前代对后代的灌输和强制而发生作用。苏联学者卜隆斯基认为，社会因素是教育的动力，这种动力主要来源于经济条件。德国学者托普认为，人类的精神和理念是教育的动力，受人类先验经验的作用。而我国学者多是从全局着眼去探究这一问题，认为教学过程的动力源是多层次、多形式、多方面的，既包括主体要素、客体因素；也包括内部要素、外部因素；既有教的动力，也有学的动力，此外还包括来源于环境的动力、来源于知识更新的动力、来源于社会发展的动力等。

综观学界关于教学过程动力来源的已有成果，笔者将教学过程的动力来源大致划分为以下四类：一是依据动力是来源于系统内部还是外部，将教学过程的动力二分为内部动力和外部动力。其中内部动力是指引起事物运动和发展状态变化的内部力量；外部动力则主要是指来源于教学过程外部的推力。二是依据动力是宏观的还是微观的，将其划分为宏观动力和微观动力。宏观动力就是来源于社会过程与教学过程的矛盾；微观动力则来源于教学过程基本要素相互作用所产生的内部矛盾。三是依据动力的作用方式是直接的还是间接的，将其二分为教学过程的直接动力与教学过程的间接动力。

直接动力是能够直接作用于教学过程中，推动教学过程运动或发展的状态出现的力量；而间接动力是能够间接作用于教学过程中，导致教学过程运动或发展的状态变化的力量。四是依据动力的作用强度，可以二分为主导动力和辅助动力，其中主导动力是指对教学过程运动与发展起根本作用；辅助力量则是对教学过程运动与发展起辅助作用，不决定教学过程的运动与发展方向的力量。思想政治理论课教学过程的动力系统具有多因素性、多层次性和复合性特点。其动力来源既包括宏观层面的动力，又包括微观层面的动力。宏观层面的动力主要来源于思想政治理论课教学的时代背景，如相关政策文件的直接推动、国家统一编写教材的推行等。微观层面的动力则主要源于教学过程内部，可以划分为"教师教"和"学生学"两大子系统，两者之间相互作用产生教学过程自身发展的内部动力。因此基于上述分析，笔者分别从宏观层面、中观层面、微观层面来探讨思想政治理论课教学过程的动力来源。其中宏观层面的动力主要来自社会层面，包括政治因素、经济因素、文化因素及教育动态因素；微观层面的动力主要来自"教师教"与"学生学"，除教育者和受教育者之外，还包括教学目标、教学内容、教学方法、教学评价等因素。中观层面的动力因素主要发挥转化衔接作用，衔接宏观层面动力与微观层面动力。其因素主要包括课程标准、教材、教学改革和教学环境等要素。因此，本研究将分别对高校思想政治理论课教学过程的宏观动力机制、中观动力机制和微观动力机制进行分析。

（二）高校思想政治理论课教学过程优化的宏观动力机制

探究思想政治理论课教学过程的宏观动力机制就是探究思想政治理论课教学过程与社会过程之间的矛盾。即探究思想政治理论课教学发生的动力理论。苏联教育学家斯卡特金指出，社会需要是教学作为一种社会设施产生和保存的主要动力。没有这种动力，就没有教学。[①]有学者指出，思想政治教育发生中主体要素作用于客体要素的机制主要是一种社会机制，即社会的需求和社会满足这种需求的活动将思想政治教育的主体要素和客体要素联系在一起。社会需求机制表现在两个方面，一是满足社会意识形态的建构，二是满足社会有序运行。社会满足机制是指把思想政治教育作为一种推动个体社会化的重要机制。[②]从这个层面来看，笔者首先需要探究思想政治教育是如何发生的问题。办好思政课，是党和国家的一项战略性工程。高校思想政治工作根源于社会生活，由一定的经济基础决定，思想政治工作规律总是与一定的社会生活和经济基础相匹配、相适应的。思想政治理论课是高校思想政治工作的主渠道、主阵地。

这一观点在高校思想政治理论课课程与教学的发展中可以得到充分说明。这里以教育政策为例，高校思想政治理论课的发展历程，是同我们党艰苦奋斗的发展历程相一致的，是与新中国成立以来的社会主义革命、建设和改革发展的历程相匹配的，也是同我国高等教育教学的发展历程相适应的。在新中国刚刚成立时期，1950年，中华人民共和国政务院第43次政务会议通过了《教育部关于实施高等学校课程改革的决定》，《决定》中明确了新民主主义时期开设政治课程的指导思想、基本方针和根本目的。在《决定》精神的指导下，高等学校的马克思主义理论课程在新中国成立以后得到了建立和快速发展。这是思想政治理论课的初步发展时期。1956年，我国开始转入全面的社会主义建设。这时的马克思主义理论课程也发生了相应变化，其发展逐步开始发生"左"倾转向，甚至产生偏离。1966年开始的"文化大革命"，在校生所有课程都被停

[①] ［苏］斯卡特金主编：《中学教学论——当代教学论的几个问题》，赵维贤、丁酉成等译，人民教育出版社1985年版，第189页。

[②] 杨威：《思想政治教育发生论》，中国社会科学出版社2009年版，第236—237页。

第五章 高校思想政治理论课教学过程优化的机制与原则

开,高校思想政治理论课程与教学遭受重创。直至 1970 年下半年开始,高校思想政治理论课教学才开始恢复。随着 1978 年党的十一届三中全会的召开,思想政治理论课程建设和教学也进入新的历史时期。思想政治理论课程必须要适应改革开放和社会主义现代化建设的需要。1980 年 7 月,教育部制定并发出的《改进和加强高等学校马列主义课的试行办法》,明确规定了该时期思想政治理论课的课程设置和教学安排,并强调马列主义课在各类专业中,必须以必修课的形式开展,不能选修,更不能免修。从 1984 年开始,中宣部、教育部、国家教委等部门先后通过下发一系列的文件,包括《关于加强和改进高等院校马列主义理论教育的若干规定》《关于在高等学校开设"法律基础课"的通知》等,统筹安排思想品德课程,"两课"课程体系初见雏形,为高校"两课"建设走向规范化奠定了基础。随后《中共中央关于改革学校思想品德和政治理论课程教学的通知》(即"85 方案"),《中共中央、国务院关于进一步加强和改进大学生思想政治教育的意见》,《中共中央宣传部、教育部关于进一步加强和改进高等学校思想政治理论课的意见》(即"05 方案")等,推动思想政治理论课程建设与教学进入全面建设和发展时期。进入新时代以来,中共中央、国务院以及教育部相继印发的《关于加强和改进新形势下高校思想政治工作的意见》《关于深化新时代学校思想政治理论课改革创新的若干意见》《新时代高校思想政治理论课教学工作基本要求》以及《关于加强和改进新时代师德师风建设的意见》《关于全面深化新时代教师队伍建设改革的意见》《新时代高等学校思想政治理论课教师队伍建设规定》等一系列重要文件,推动思想政治理论课教学不断改革创新。当然,不仅仅是教育政策,经济信息技术的飞速发展、社会文化生态的不断变化、教育动态不断优化等要素,都成为高校思想政治理论课教学过程的重要动力,这充分表明,来源于社会的宏观动力是思想政治理论课教学过程存在与发展的基本动力和发展根基。

（三）高校思想政治理论课教学过程优化的中观动力机制

探究高校思想政治理论课教学过程优化的中观机制就是探讨高校思想政治理论课教学过程的宏观动力如何转化为微观动力的问题，即宏观动力因素以怎样的因素作用于高校思想政治理论课教学过程。教育政策、经济技术、社会文化、教育动态无法直接作用于高校思想政治理论课教学过程，需要将其与已有的课程标准、思想政治理论课教材相结合，并通过深化教学改革、改善教学环境来转化为高校思想政治理论课教学过程的直接动力。总体来看，中观动力系统的运行受宏观动力系统支配，随着宏观动力系统的变化而变化。国家规定的课程标准、教材、教学改革、教学环境等中观动力要素的发展和变化受制于宏观动力要素，是被支配与支配、从属地位和决定地位的关系。因此，高校思想政治理论课教学过程的中观动力机制同宏观动力机制基本一致，笔者在这里不再赘述。

（四）高校思想政治理论课教学过程优化的微观动力机制

阐明高校思想政治理论课教学过程优化的微观动力机制就是要弄清思想政治课教学过程的内部结构矛盾。关于教学过程的动力，一般研究认为，学习的动力是学生在学习过程中社会因素和教育因素所引起的认识需要、学习需要与已有认识水平之间的矛盾，这是基本矛盾。苏联教学论专家达尼洛夫指出，构成教学过程的动力是随着教的进行所提出的学习课题和实践课题同学生的知识和能力的现有发展水平之间的矛盾。[①] 同时，并不是教师所提出的课题同学生的认识水平之间的所有矛盾都能产生教学的动力，而是基于一定的条件限制下发生并且能够解决的矛盾。思想政治理论课教学过程

---

① 冯克诚总主编：《当代教学论发展与论著选读（下）》，人民武警出版社2010年版，第233页。

第五章　高校思想政治理论课教学过程优化的机制与原则

的矛盾体系是一个由基本矛盾和具体矛盾组成的多侧面、多层面的矛盾体系，它是基于教学目标、教学内容、教学方法等要素之间的对立统一关系而形成的。其中基本矛盾是贯穿于思想政治理论课教学过程始终的，并规定着思想政治理论课程教学的本质。思想政治理论课教学过程是由教师的教学过程和学生的学习过程构成的，二者之间的矛盾是高校思想政治理论课教学过程的主要矛盾，构成了思想政治理论课教学过程主要的、直接的动力来源。这是因为教与学是教学过程中的一对最基本范畴，"教"与"学"相互依存、互为因果。没有学生的学教师的教就失去了意义，没有教师的教学生的学也不会顺利进行。它们之间的关系是目的与条件的关系，是意义与实践的关系，是彼此适应的关系。有学者指出，教学过程的重要矛盾之一，是由认识任务和实践任务所推进的教学进程同学生知识、技能和智力发展的现有水平之间的矛盾是教学过程的动力。[①]有学者曾经这样描述：思想政治教育过程是一个大的动态系统，认为它是由思想政治教育主体的意识活动和实践活动、思想政治教育受教育者自身的意识活动和实践活动这四个子系统构成的，它们之间依次展开，往复不已，持续推进过程运行。[②]有学者从主体、客体视角对高校思想政治理论课教学过程的矛盾进行表述，指出主体与客体、认识与实践是高校思想政治理论课教学过程的基本矛盾。它的存在和发展，规定着其他矛盾的存在和发展，决定着整个教学过程的变化和发展，关系到整个教学活动的成败得失。对于主体与客体、认识与实践这两对矛盾来说，前者是前提，后者是基础；前者的实现与解决，是通过后者的实现与解决来完成的，前者的实现与解决又集中体现了后

---

① [苏] 巴拉诺夫、沃莉科娃、斯拉斯捷宁等编：《教育学》，李子卓、赵玮、韩玉梅、吴式颖等译校，人民教育出版社1979年版，第106页。

② 沈壮海：《思想政治教育有效性研究》（第二版），武汉大学出版社2008年版，第102—103页。

者实现和解决的程度。① 认知动力学认为，对人的主体价值给予充分的尊重，是关于学习动力学机制的学说。主体具有自主性和创造性等特点，在认识系统中居于首要位置，占据主导地位，发挥着决定性作用，是具有一定教学能力可以开展认识活动和实践活动的人。从这个意义上说，教学过程中的主体必定是具有一定的教与学的能力并进行一定的教学认识与实践活动的人。在认识系统中，客体是与主体相对应的另一基本要素，是主体认识活动所指向的对象。客体是与主体相对应的另一基本要素，是主体认识活动所指向的对象。客体与主体是相对而言的，它们之间相互规定、彼此照应。因此，把握教学过程中的主体与客体，对于把握高校思想政治理论课教学过程的基本矛盾，从而正确分析这一过程优化的动力机制意义重大。微观层面的动力主要来自"教师教"与"学生学"这一对基本范畴，除教育者和受教育者之外，还包括教学目标与学习需要、教学内容与认识水平、教学方法与认知方法、教学评价与学习期待等要素之间相互对立统一所产生的矛盾。以教师与教材之间的矛盾为例，这一矛盾主要呈现为四个方面：一是教师了解教材与掌握教材之间的矛盾；二是教师掌握教材和运用教材的矛盾；三是教师利用教材和促进学生顺利学习的矛盾；四是书本知识与学生接受知识之间的矛盾。

二 高校思想政治理论课教学过程优化的整合机制

基于以上分析，可以发现高校思想政治理论课教学过程的动力具有明显的多层次性、多因素性。实现教学过程的整体优化是教学过程优化的最佳目标。但在具体的实施过程当中，囿于主客观条件的限制，实现教学过程中全部要素、所有环节的优化既不可能，也不现

---

① 石云霞：《高校思想政治理论课程建设史研究》，武汉大学出版社2006年版，第283页。

第五章 高校思想政治理论课教学过程优化的机制与原则

实。实现高校思想政治理论课教学过程的优化不是一蹴而就的,而是一个循序渐进、渐次展开、自然而然的过程。因此,本书有必要在把握高校思想政治理论课教学过程的优化要素之间关联的基础之上,对高校思想政治理论课教学过程优化的要素和环节进行整合,明晰所要优化要素之间的内在关联。恩格斯指出:"各个人的意志——其中的每一个都希望得到他的体质和外部的、归根到底是经济的情况(或是他个人的,或是一般社会性的)使他向往的东西——虽然都达不到自己的愿望,而是融合为一个总的平均数,一个总的合力,然而从这一事实中决不应作出结论说,这些意志等于零。相反,每个意志都对合力有所贡献,因而是包括在这个合力里面的。"[①] 高校思想政治理论课教学过程优化的宏观动力机制反映社会过程与教学过程之间的矛盾,社会需要与社会满足决定了高校思想政治理论课教学过程的存在、发生和运行,是高校思想政治理论课教学过程的首要机制,其动力因素包括教育政策、经济技术、社会文化和教育动态等因素。中观动力因素包括课程标准制定、使用的思政课教材、教学改革与教学环境等多方因素,是高校思想政治理论课教学过程运行的支撑机制;微观动力机制是高校思想政治理论课教学过程的内在机制、核心机制、直接作用机制,教学目标、教育者、受教育者、教学方法、教学内容等因素之间相互作用成为推动思想政治理论课教学过程运行的直接动力。其中,"教师教"与"学生学"之间的矛盾运动是思想政治理论课教学过程发展的直接动力,也是高校思想政治理论课教学过程优化研究的主要部分。教学过程必须经常反思的一个问题,就是学生究竟学得怎么样?从学生视角出发,教学过程是一个掌握知识、形成能力的学习过程。学生的学习质量是教学质量提高的重要表征。尤·克·巴班斯基指出,教学过程内部所固有的中心矛盾,是学生在教师影响

[①] 《马克思恩格斯选集》第 4 卷,人民出版社 2012 年版,第 605—606 页。

高校思想政治理论课教学过程优化研究

下所产生的掌握一定知识、技能和技巧的需要，同时满足这些需要的实际可能性之间的矛盾。通过巧妙地选择教学方法、形式和手段来解决这一矛盾，就可以使学生得到发展。① 教师同学生之间这种对立统一的矛盾运动就是教学过程的根本动力。要搞好教学，使教学过程取得最优的效果，就必须着重解决好教育者与受教育者之间的"供给"和"需求"矛盾。认知动力学认为，对人的主体价值给予充分的尊重，是关于学习动力机制的学说。李森指出教学动力是教师的工作动力与学生的学习动力二者相互作用而形成的合力，这种合力来源于教师教的动力与学生学的动力的乘积。② 阿玛比尔的"动机——工作相匹配"思想认为协同是促进内外部动机整合的前提。美国心理学家德西·爱德华和瑞安·理查德等人的自我决定论也认为整合调节是外在动机内化的关键。③ 因此，宏观动力与中观动力不能直接作用于教学过程，需要转化并融入思想政治理论课教学微观系统中的不同因素，才能作用于"学生学"的子系统，从而引发教学动力，推动思想政治理论课教学的运行与发展。要坚持"以学论教、以学定教"。教学过程优化的动力来源于教学动力与学习动力之间相互作用与相互影响所形成的合力，这种合力并不是初步地、简单地、机械地相加，而是一种复杂的构成。

因此，笔者这里仍然基于"教师教"与"学生学"之间的内在关联，依据教与学之间的对立统一关系来分析思想政治理论课教学过程优化的基本因素之间的优化与整合，探讨高校思想政治理论课教学过程优化的整合机制。《现代汉语词典》中认为"整合"是把零散的

---

① 冯克诚总主编，[苏] IO. K. 巴班斯基：《苏联教学理论与论著选读（下）》，人民武警出版社2010年版，第50页。
② 李森：《教学动力论》，西南师范大学出版社1998年版，第45页。
③ Edward L. Deci and Richard M. Ryan, *Intrinsic Motivation and Self-Determination in Human Behavior*, New York: Plenum Press, 1985, pp. 38–39.

第五章 高校思想政治理论课教学过程优化的机制与原则

东西彼此衔接,从而形成一个有价值有效率的整体。整合机制揭示的是高校思想政治理论课教师教学过程与学生学习过程之间的相互作用的关系,目的在于促进"教师教"的优化与"学生学"的协同优化。以下探究高校思想政治理论课教学过程优化的整合机制。

(一) 教学目标与学习需要

目标是人们在一定的客观环境下对自身行为活动的预期结果,是一种期望。高校思想政治理论课教学目标是教师教学行为、学生学习行为的预期效果。它规定着教学过程的基本方向,承载着国家、社会对这一课程的期望和要求,是反映教学活动和教学质量的重要因素。教学目标是教学活动展开的基础和前提,是选择教学内容、设计教学环节的重要前提,制约着整个教学过程的发展。[1] 目标是教学过程动力产生的起源,也是思想政治理论课教学过程微观动力系统优化的初始条件。因此,促进教学过程实现优化必须要具有明确的教学目标。泰勒把"需要"定义为"应该是什么"与"是什么"之间的差距。考夫曼认为,需要是当前结果和期望结果之间的差距。这也就表明,学习需要的本质其实就是学生在学习方面的目前状况与期望水平之间的差距,表现在教学效果、学习体验等相关维度上。学习需要与教学目的的概念近似,但在实际运用过程中所代表的范围要比教学目的宽泛。大多数情况下教学目的是专门针对教师教学的,学习需要则是针对学生学习的。思想政治理论课教学目标是开展教学活动的预期价值,具体是指要使受教育者成为什么样的人,在思想道德素质上达到什么水平。而思想政治理论课的学习需要则指的是学生的学习现状与期望之间的差距。

教学过程是一个问题解决的过程,学习需要是问题解决的起点。教学认知理论认为,由认知水平和认知动力这两部分构成的教学动因

---

[1] 辛源:《大学生思想政治理论课认同研究》,中国商务出版社2018年版,第124页。

是主要矛盾，是矛盾的主要方面，作为函数的自变量。一个有效的教学过程首先要权重于学生的认知水平和认知动力这两个因子，基于这一基础之上明确教学目标，调整教学环境。① 在教学过程中，教师要不断引导学生产生新的学习需要，才能不断激发教学过程的优化动力。思想政治理论课的学习需要划分为不同类型，包括认知需要、情感需要、价值需要、行为需要。② 探究问题的直接动力来源于认知需要。认知需要直接作用于学习获得的目标和任务，在维持受教育者学习动机方面发挥着最为稳定和重要的作用。情感需要是基于大学生动机、情绪、情感等方面的需要。在马克思主义理论教育教学过程中，情感参与十分重要，它在调动学生的情绪、激发学习动力方面发挥着重要作用。价值需要是大学生价值层面的需要。而行为需要则是较价值需要更高层面的需要，是大学生自觉加工知识体系、价值体系并将其转化为自身的实践需求。满足以上需求是制定思想政治理论课教学目标的前提和目的，是实现思想政治理论课教学过程优化的基础。

教学目标与学习需要之间的相互整合，互相适应，关系到思想政治理论课学习的有效性问题。在思想政治理论课教学过程中，不同学生的接受效果也呈现不同样态，"较为满意"和"差强人意"相伴相随。教学目标要合理、要恰当，不能过高或过低，过高或过低的教学目标，都不会有令人满意的教学效果。因此，关注学生思想政治理论课的学习需求，需要尽可能缩小教学目标与学习需要二者之间的差距，实现二者的整合。

（二）教学内容与认知水平

教学内容是实现思想政治理论课教学目标的载体，是对教学目标的具体落实。认知水平是学生在自身已有的知识结构、实践经验、记

---

① 蒙佐德、耿德英：《教学认知的多维解构》，电子科技大学出版社2006年版，第64页。
② 杨威：《论思想政治理论课的学习体验及其优化路径》，《马克思主义与现实》2019年第6期。

第五章 高校思想政治理论课教学过程优化的机制与原则

忆理解、想象等能力的基础上，对客观事物认识、判断、评价的能力。美国实用主义教育家杜威指出，人的心理是不断成长的东西，因此，在本质上是不断变化的。在不同的时期里，表现出不同的能力和兴趣的形态。儿童心理学家皮亚杰指出，儿童的道德判断是一个有阶段连续发展的过程，道德发展的每一个阶段都要求一定的逻辑思维水平与之相适应。科尔伯格在继承和吸收了康德、皮亚杰、杜威、鲍德温等关于道德发展理论的基础之上，将人的道德发展划分为"三水平六阶段"。我国著名教育家朱熹曾指出，古之为教者，有小子自学，有大人之学。首先，高校思想政治理论课教学过程具有明显的阶段性。高校思想政治理论课教学过程的主体要素是大学生，该阶段的青年学生表现出明显的群体特点。当前高校大学生以"00后"群体为主，他们是"有理想、有本领、有担当"的青年一代，他们也是伴随互联网成长起来的新一代，他们有朝气、视野广、创新意识强，但同时，在政治觉悟、价值观塑造、道德修养、文化素养和情感心理方面还需指导者和引路人的正确引导。因此，高校思想政治理论课教学过程的优化要以大学教育的阶段性特征为前提，但在把握阶段性的同时也要注意其连续性。高校思想政治理论课教学过程的优化问题要着眼于大学生的未来发展，注重思想政治理论课教学过程的一体化发展，注意不同学段间的顺畅衔接和连续发展。其次，他们的成长表现出共性和个性相统一。辩证唯物主义认为，共性和个性相统一的规律，是人们制定正确思想路线、工作方法的基本依据。它决定了人们认识事物必须遵循由特殊到一般，再由一般到特殊的规律。大学生的健康成长同样遵循共性和个性相统一的规律。共性是指新时代青年学生所具有的年龄和所处的时代所产生的群体特征共性。要积极探讨当今时代背景下大学生思想政治素质形成发展规律，为高校思想政治工作的顺利开展提供条件。个性是指由于个体生活成长的社会、家庭等背景，不同个体的思想状况、道德水准、心理素质方面等表现出的特殊性和差异性。个性还指针对不同专业、不同年级、不同层次、不同学历的大学生，在内容、学时上提出的不同要求。这就要求高校思想政治理论课教师在开展教学活动时，要具体问题具体分析，尊重每位学生的个性差异，采用恰当的方式、方法有针对性地展开思想政治教育工作。

不同认知发展阶段的学生具有不同的认知水平，在不同学段的认知能力存在差异。对于思想政治理论课教学来说，不同学段的教学内容侧重点不同。小学阶段重在培养学生的道德情感；初中阶段重在打牢学生的思想基础；高中阶段重在提升学生的政治素养；大学阶段重在增强学生的使命担当，重点引导大学生在系统掌握马克思主义基本原理和马克思主义中国化理论成果，并将所学科学知识内化为自己的行为体系，提高分析问题和解决问题的能力。[1] 大学生是现实的、活生生的独立个体，在生理、家庭、职业、经历等方面都存在差异，构成了大学生群体在生理、心理、社会、物质、精神、行为、认知、价值等方面存在个体差异。习近平总书记指出要循序渐进、螺旋上升地开设好大中小学思政课。要充分发挥思想政治理论课遵循学生认知规律设计课程内容，体现不同学段特点。[2] 基于受教育者的认知水平设计思想政治理论教学内容是保证思想政治理论课教学过程的可接受性、科学性、合理性的内在要求。要求思想政治理论课教学过程优化要以高校大学生的丰富多元的认知差异为前提，尊重教材体系向教学体系的转化规律，从认知维度、情感维度、价值维度、行为维度出发，把学科知识逻辑体系转化为适应学生学习需要的心理逻辑体系，进而提高思政课教学内容的可接受性。

（三）教学方法与认知方式

教学方法是教学过程中教育者和受教育者相互作用的活动方式的

---

[1] 参见《新时代学校思想政治理论课改革创新实施方案》（2020年12月18日）。
[2] 参见《新时代学校思想政治理论课改革创新实施方案》（2020年12月18日）。

总称。在思想政治理论课教学过程中，教学方法发挥着"桥"或"船"的重要作用。关于教学方法的理解，因角度不同、理解不同会呈现多样性。从教师的角度来看，教学方法主要是指教的方法，即教师在教学过程中采用的策略和手段；站在学生的角度来看，教学方法主要表现为学习方法、学习策略和学习手段。从学生获取信息的主要途径和来源进行分类，包含以语言传递为主的方法，以实践体验为主的教学方法，以情境陶冶为主的教学方法，以引导启发为主的教学方法。从认识活动的角度来看，有组织学生认识的方法、刺激学生认识活动的方法、检查学生认识活动效果的方法等。总体来看，思想政治理论课教学方法是指思想政治理论课教师与学生在教学过程中为了完成教学任务、实现教学目标而共同生成的活动、方式和步骤的总和。

认知方式，又称认知风格、认知模式，是学生对信息的感知、概念化、组织和记忆的方式。这里是指学生对思想政治理论课教学内容的感知、理解、组织和记忆的方式。最常见的是将认知方式划分为场依存性和场独立性两类。在教学活动中，场依存性和场独立性学生会有不同的认知方式：前者更擅长学习和记忆与社会性内容相关的知识，后者更擅长组织和设计，在学习材料知识相对欠缺的情况下，其学习效果要超于前者，认知方式不同，产生的教学效果也必然不同。在实际的思想政治理论课教学过程中，由于课程设置、课堂组织形式等原因，高校思想政治理论课教学方法大多采用"一言堂"式大班教学，教学方法与手段较为单一，学生认知方式的特点与差异往往不被重视。当前深化高校思想政治理论课教学改革，不断提高思想政治理论课的教学效果，要求我们要不断提高思政课的思想性、理论性和亲和力、针对性。因此，要基于学生学习的认知方式，不断优化高校思想政治理论课教学内容的呈现方式。

（四）教学评价与学习期待

评价包含广义的评价和狭义的评价。广义的评价是指评价主体对评价客体及其发展过程作出有用无用、利大利小、合不合理、好与坏、美与丑的判断或判定。狭义的评价是指评价主体对评价客体及其发展过程的价值（有用或无用）或量（作用大小）所作出的判断或计算。教学评价是指对教师教和学生学的价值判断的过程，一般包括对教学过程诸要素的评价，对学生学习过程和结果的评价、教师工作过程和结果的评价。思想政治理论课教学评价是指对思想政治理论课教学过程中诸要素，以及学生学习过程和结果的评价、教师工作过程和结果的评价。这里主要探讨教学评价与学生期待之间的相关关系，主要关注对学习过程和效果的评价。

"期待视野"概念出自接受理论，指的是读者对阅读作品的思维定向或现在结构。接受主体会依据自己的"期待视野"对客体进行筛选，进而完成理解、选择、整理、内化、外化等环节。尽管接受理论存在有一定的缺陷，但该理论所包含的基本思想、理论框架和研究视角对思想政治理论课教学过程理论研究和实践研究意义重大。接受理论视阈下的思想政治理论课教学接受是指接受主体（学生）对传授主体（教师）所传播的思想政治理论课教学内容进行理解、选择、整合、内化、外化的过程。这一过程将思想政治理论课教学过程的构成要素划分为接受主体、接受客体、接受介体、接受环体等因素，各因素相互作用共同实现思想政治理论课教学接受。要重点关注接受主体的期待视野、接受图式、先在结构等要素，以实现思想政治理论课教学过程中接受主体的优化。思想政治理论课的学习期待，是学生在自身经验和结构基础之上所预想的学习结果。学生依据自身的"期待"对客体进行筛选，进而完成理解、选择、整理、内化、外化等环节。"学习"以潜在的接受图式和先在结构制约并影响着对思想政治理论课教学内容的选择和接受。实现思想政治理论课教学过程的优化前提是要全面了解接受主体已有的思想水平、政治觉悟、道德素质和文化素养，以及接受意愿等。

第五章　高校思想政治理论课教学过程优化的机制与原则

教学过程评价是检查教学效果、教学质量、学习效果、学习质量的基本手段。从某种程度上来说，思想政治理论课教学质量的高低、教学效果的好坏主要体现在课程的评价考核上，它决定教师教什么、怎么教，以及学生学什么、怎么学。思想政治理论课教学评价要关注学生的学习期待，关注对学生的知识期待、能力期待、行为期待等多方面的效果评价，真正发挥教学评价的诊断功能、调节功能与激励功能。

三　高校思想政治理论课教学过程优化的保障机制

保障机制是指保证教学过程内部系统和外部功能稳定并持续改进的运行方式和工作原理。关于高校教学质量的保障机制，学界也形成了诸多观点。有学者认为，构建教学质量保障机制的目的是形成稳定有效的教学整体，以实现教学管理活动的有机连接。还有学者认为，教学质量保障机制，是指高校在内外体制性因素的支持下，借助先进管理思想和理论，借助对评价手段经常化、结构化和体制化的运用，寻求不断改进高校人才培养活动效果的质量管理和组织学习过程。[①]由此可知，首先要注重教学评价，其次要注重整合资源，最后要注重开放人力资源。高校思想政治理论课教学过程优化的保障机制实际上必然涉及以上三个方面的内容。教学质量的提高，必然需要教师这个重要的资源发挥主导作用，还需要整合校内外各种资源服务于教学质量这个中心任务，当然还需要借助于科学的评价手段。此外，高校不同于中小学，它是直接面向社会培养人才，人才能否满足社会需要必然成为衡量其培养质量的重要标准。

综上，简要地对高等教学质量保障机制进行界定。高等教学质量

[①] 赵文辉：《高校教学质量保障问题研究》，中国人民公安大学出版社2009年版，第16页。

保障机制是以人才培养质量为目标整合校内外资源，并运用领导、激励和评价等手段来达成目的的运行过程和方式。上文已经探讨了师资保障、教学资源保障等问题，这里主要从宏观角度出发去描述高校思想政治理论课教学过程优化的保障机制，具体包括组织管理保障、环境保障、激励保障等。

首先，组织保障机制是高校思想政治理论课教学过程优化保障机制中的关键条件。为了高校思想政治课教学过程优化的顺利进行，必须进一步建立和完善教学的组织保障机制。从宏观层面上讲，保障机制涉及教育部门、学校、各院系以及校外有关单位，需要成立以分管思想政治理论课社会实践教学的书记和校长负责，由各院系主管教学的书记和院长，以及教务处、社科处、财务处、学生处、团委以及后勤处等部门的负责人参加的领导小组。它的具体组织和实施不仅仅是团委、学生处、学校教务处、承担思想政治理论课教学的教学部门或学院。因此，实现高校思想政治理论课教学过程的整体优化需要各组织管理单位合力作用、协同优化。

其次，大学生思想政治理论课教学过程优化的效果还在很大程度上受到外在环境的影响。环境影响可以分为正影响和负影响，正影响可以促进大学生思想政治理论课教学过程优化，负影响则会带来破坏性影响。[①] 教学环境按照不同标准可以划分为不同类型，包括广义教学环境和狭义环境；物质环境、精神环境和信息环境；学校环境、家庭环境和社区环境；等等。它是影响和制约高等学校教育教学活动的客观条件。作为教学过程中一种不可或缺的要素，它决定着教学可能性向现实性转化的程度，对高校思想政治理论课教学过程主体的决策与实施、介体的选择发挥着重要作用。它影响着教学效果的实现程度，影响着教学主体、教育介体作用的发挥。当前，数字化、信息化

---

① 辛源：《大学生思想政治理论课认同研究》，中国商务出版社2018年版，第185页。

第五章　高校思想政治理论课教学过程优化的机制与原则

时代的飞速发展使高校思想政治理论课的教学环境更加多元化、复杂化，网络、微博、公众号、论坛等成为大学生思想政治教育的微观环境，并逐渐作用于现实，形成新型的教育环境，成为新时代高校思想政治理论课教学过程优化的重要因素。此外，包括和谐的人际关系、正确的舆论导向、和谐的社会大环境以及浓厚的人文关系。新时代背景下，做好高校思想政治理论课教学过程的环境保障，有利于营造良好的环境氛围，推动实现高校思想政治理论课教学过程的整体优化。

最后，高校思想政治理论课教学过程的激励保障机制主要是作用于主体要素的，既有对思想政治教育者的激励又有对受教育者的激励，目的在于激发教师和学生的积极性、主动性和创造精神，以促进教学过程的整体优化。

第二节　高校思想政治理论课教学过程优化的原则

《辞海》中认为，"原则"是观察问题、处理问题的准绳。对问题的看法和处理，往往会受到立场、观点、方法的影响。苏联教育学家赞科夫认为："教学论原则对于形式多种多样的教学过程来说，具有指导和调节作用。"[①] 高校思想政治理论课教学过程优化的原则是指依据一定的目标和规律，致力于推进思想政治理论课教学过程最优化发展的基本要求和准则。它贯穿于思想政治理论课教学过程优化研究的始终，体现了研究者对教学活动的本质特点和内在规律的认识和把握程度，发挥着导引和制约作用，为思想政治理论课教学过程的优化提供了方向性保障，影响着思想政治理论课教学过程的具体运行，

---

① ［苏］赞科夫编：《教学与发展》，杜殿坤、张世臣、俞翔辉、张渭城、丁酉成、叶玉华译，人民教育出版社2008年版，第40页。

促进了思想政治理论课教学过程的科学化发展。因此，高校思想政治理论课教学过程优化的基本原则要符合以下三个标准：一是必须遵守高校思想政治理论课教学过程的规律；二是必须符合高校思想政治理论课教学过程中结构、要素、环节等运行机理；三是必须服务于高校思想政治理论课教学过程的目标。据此，本研究将高校思想政治理论课教学过程优化的原则概括为：方向性与科学性相统一的原则、整体性与动态性相统一的原则、前瞻性与可行性相统一的原则。

一 方向性与科学性相统一的原则

方向性原则，也称导向性原则，这里是指政治性原则。它居于原则体系之首，要求该研究要以正确的思想导向和政治导向为前提。高校思想政治理论课教学的主要目的是将中国共产党要求的思想观念、政治观点与道德规范等内化为大学生的动机与意识，并将这些意识外化为学生的实际行为并产生良好的行为效果，即外化于心、内化于行。高校思想政治理论课承担着对大学生进行系统的马克思主义信仰、立场和社会主义意识形态的主要任务。方向性原则是开展高校思想政治理论课教学过程优化的根本原则。要旗帜鲜明地坚持社会主义与共产主义方向，坚持依循党的基本路线。尤其是在国际国内形势发生深刻变化的形势下，更应该坚持这一原则，始终坚守无产阶级思想政治教育的本色，才能保证不偏离航向，才能保证教学过程的思想政治教育功能得以发挥。高校思想政治理论课教学过程优化的方向性原则主要体现在教育者、教学目标、教学内容等要素上。同时，还表现在主体的自觉性上。马克思指出："作为确定的人，现实的人，你就有规定，就有使命，就有任务。"[①] 教育者、管理者及相关部门的管理人员要充分意识到自身的责任和使命，自觉坚持政治性原则，在教

---

① 《马克思恩格斯全集》第3卷，人民出版社1960年版，第329页。

第五章 高校思想政治理论课教学过程优化的机制与原则

学过程的开展中自觉坚持方向性原则，贯穿于教学过程的始终，注重细节和规范。此外，要素、环节、保障等方面理论与实践优化都要以方向性原则为根基。

其次，高校思想政治理论课教学过程的优化不仅要坚持明确的方向性，而且要坚持科学性。科学性即真理性、规律性。科学性原则，即要求思想政治理论课教学过程的优化必须符合科学性的逻辑，以客观规律为遵循。这里简单对高校思想政治理论课教学过程的规律进行论述。习近平总书记在全国高校思想政治工作会议上指出："要遵循思想政治工作规律，遵循教书育人规律，遵循学生成长规律，不断提高工作能力和水平。"[1] 这一论述为明晰高校思想政治理论课教学过程的规律指明了方向。基于这一指向，学者们基于不同的研究视角进行了深入的探讨。有学者基于其教学过程、教育过程和个体自我建构过程相统一的本质，提出思想政治理论课教学过程的基本规律包含教学过程的一般规律、思想政治教育的特殊规律以及马克思主义理论教育活动的特殊规律。同时又进一步将其阐释为：科学性与意识形态性相统一的规律、教学与教育相结合的规律、主导性和多样性相结合的规律、主导性与主体性相结合的规律、显性教育与隐性教育相一致的规律、"知""行"辩证统一的规律。[2] 有学者针对这一过程的交互主体性，指出思想政治理论课教学规律包括一个基本规律和四个具体规律，基本规律是教学互动律，四个具体规律是教师引导律、学生需要驱动律、要素互动律和内化外化律。[3] 有学者同样指出高校思想政治理论课教学过程的一般规律和特殊规律，其中一般规律包括知识发展

---

[1] 《习近平在全国高校思想政治工作会议上强调 把思想政治工作贯穿教育教学全过程 开创我国高等教育事业发展新局面》，《人民日报》2016年12月9日第1版。

[2] 余双好：《提升思想政治理论课教学质量的规律探讨》，《中国高校社会科学》2018年第2期。

[3] 陈娱、鹿林：《交互主体性教学——高校思想政治理论课教学新理念》，河南大学出版社2019年版，第247页。

高校思想政治理论课教学过程优化研究

与智力发展相统一、间接经验与直接经验相统一、教师主导作用与学生主体地位相统一的规律。① 还有学者将思想政治理论课教学过程的规律划分为学生成长成才规律、思想政治教育规律和时代发展特征规律。② 有学者认为，这一活动需要尊重科学规律，这一科学规律本质上是实现社会科学与政治哲学相融合的育人规律，具体包括传授知识与传递价值统一渗透的规律、思想政治理论课教学中认识反复、思想提升和价值观念转化的规律、思想政治理论课教学中博采众长、因时而进、稳中求进的协调规律。③ 在此研究基础上，本研究基于这一过程的基本性质，从比较分析出发，将思想政治理论课教学过程的基本规律概括为：教学过程的一般规律、思想政治教育的特殊规律、学生成长成才规律。

思想政治理论课教学过程优化一定要按照教育和教学的客观规律进行。无论是教学过程的设计、教学过程的实施还是教学过程的评估都要坚持严肃认真、实事求是。要以学科发展规律、教育教学规律、受教育者的学习发展规律为遵循。

如何在研究中贯彻科学性原则？首先要求思想政治理论课教学过程中的教学内容是科学的、合理的，现代科学发展水平的基础知识，既要符合社会发展规律、高校思想政治工作规律；又要符合学科课程自身的规律、受教育者心理接受规律；既要兼顾知识的逻辑性、准确性，又要兼顾知识的连贯性和系统性；符合教学过程的一般规律、思想政治教育的特殊规律、学生成长成才规律。那种不顾知识的逻辑性，降低知识的理论性乃至歪曲事实真相的做法，是完全背离教学过

---

① 张玉玲、左守志、吴高波主编：《思想政治理论课教学价值论》，中央文献出版社2008年版，第113页。

② 张加明、胡沫等编著：《高校思想政治理论课教学方法体系优化创新研究》，长江出版传媒、湖北人民出版社2017年版，第25—59页。

③ 宇文利：《努力掌握并用好思想政治理论课教学的科学规律》，《思想理论教育导刊》2017年第9期。

程优化的基本原则的。其次，教学方法本身具有科学性。它决定思想政治理论课教学过程能否顺畅完成，以及高校思想政治理论课教学过程的效果。教师首先要有科学的态度，对思想政治理论课中的概念和科学原理解释要严谨正确，对定义的表达要更易理解，从而更好地保证教学过程的质量和效果，同时要在坚持正确性和科学性的前提下，力求讲授教材的语言通俗易懂。最后，教学过程优化的科学性原则还表现在教学过程的基本环节上，即思想政治理论课教学过程设计环节、组织实施环节、评价反馈环节都要合目的、合规律、合计划。

二 整体性与动态性相统一的原则

整体性是系统的显著特点。整体原理强调系统性、完整性、连贯性。整体性思维是系统优化的基本思维路径。思想政治理论课教学过程是一个整体系统结构，对其开展优化研究必须要坚持整体性原则，即整体优化原则。在教学设计过程中，必须协调系统构成要素间的相互关系和系统动态过程中各个环节的程序，将各个构成要素和环节放到系统整体中去权衡，使整体功能达到增强和充分发挥，使系统整体的功能部分简单地机械组合。思想政治理论课教学过程是一个由教育者、受教育者、教学内容、教学方法、教学环境等多个要素组成的复杂的整体系统，要实现思想政治理论课教学过程的优化就需要教学过程的各个环节、教学系统的最佳组合，从而实现整体效应和功能。辩证唯物主义的系统方法为教学过程的最优决策提供方法论基础。只有正确把握各个成分之间相互联系的规律，选择最优方案才可能实现。尤·克·巴班斯基认为，教学过程最优化必须具有一整套原则，这套原则对教学目的、内容、形式和方法都提出了明确的要求。[①] 从理论

---

① [苏] 尤·克·巴班斯基：《教学过程最优化——一般教学论方面》，张定璋等译，人民教育出版社2007年版，第24页。

高校思想政治理论课教学过程优化研究

意义上讲，只有从整体视角观照教学过程，才有可能更全面地、按照一定顺序地合理排列教学过程中包括目的、内容、动机、意志、情绪、计划、组织、调整、控制在内的各种成分，确定教育主体、教育客体和教育条件的位置。因此以系统整体的观点来揭示高校思想政治理论课教学过程，具有重要的实践价值。

整体优化的具体内容包括：一是目标优化。即实现高校思想政治理论课教学过程的目标体系的优化。高校思想政治理论课教学目标一般包括知识目标、情感目标、能力目标、教育目标和成才目标。[1] 推动实现高校思想政治理论课教学过程目标体系的优化，不仅包括总体目标的优化，还包括具体层次目标的优化，即实现整体最优、多级优化和相对优化的辩证统一。通过对各种分类目标的整合形成多重价值并重、多利益兼顾的目标体系。二是结构优化。即通过调整高校思想政治理论课教学过程中教师、学生、教学目标、教学内容、教学方式等基本要素之间的相互关系，调节教师讲解、学生讨论、思辨审问、答疑解惑等步骤和环节，并结合教学对象和教学内容的特点形成具有针对性的思想政治理论课教学过程的结构体系，实现思想政治理论课教学过程的"元结构""本结构""构结构"的最优化。这一结构要具有稳定性、有序性、发展性特点。三是功能最优。教学过程是结构和功能的统一，如果说结构体现了教学过程内部的联系和作用，那么功能就体现了教学过程与外部的联系和作用。在优化高校思想政治理论课教学过程结构优化的同时，通过对教学过程结构的优化，使其功能更为全面、充分和有效。四是策略最优。即通过比较、选择和改进，使高校思想政治理论课教学过程的优化策略更具有科学性。五是机制最优。即通过优化高校思想政治理论课教学过程系统本身与社

---

[1] 李松林主编：《思想政治理论课教学模式研究》，首都师范大学出版社2006年版，第12页。

第五章 高校思想政治理论课教学过程优化的机制与原则

会、与个体之间的相互关系，逐步建立起一套完整的优化机制。此外，整体优化还指教师主导和学生主体相统一，理论教学过程和实践教学过程相统一，不同学段教学过程的整体优化，显性教育过程和隐性教育过程的整体优化。过去高校思想政治教学的优化研究更多的是依靠高校思想政治教育工作者自身的力量进行工作，当前推动合力优化成为高校思想政治理论课教学改革的发展趋势。

高校思想政治理论课教学过程优化既要坚持整体优化原则，同时也要坚持动态性原则。高校思想政治理论课教学过程的优化是一种动态优化。动态性原则主要在于揭示系统状态同时间的关系。动态性原则就是人们通常所说的不能孤立静止地看问题。唯物辩证法认为，物质是运动的，世界上各种事物和现象之间都是相互联系的，它们以各种方式相互依赖、相互制约、相互作用，形成了一个普遍联系和永恒发展的世界。任何系统任何时候都在不断变化发展。这种变化发展的内在动力来源于内部要素的变化发展及要素间的相互作用。从这个观点出发，就要求高校思想政治理论课教学过程优化研究必须遵循动态性原则，用发展变化的眼光去看待，思想政治理论课教学过程优化研究动态性原则表明了高校思想政治理论课教学过程优化的相对性和连续性、当前性和预备性。需要教育者及时掌握最新信息，了解实际情况，进而进行调整以适应教学过程的实际情况。首先，高等教育作为一种社会系统与外部环境处于动态的相互作用之中。从高等教育教学过程的组织特征来看，教学过程中需要优化的目标、组织的结构以及开展教学过程所需要的支撑条件及主体都处于动态之中。以思想政治理论课教学过程中的内容要素为例，思想政治理论课教学内容具有动态变移性。教学内容随着时代和社会的不断发展而不断地更新和提升，以新知识为特性的认知建构随之生成。它的更新程度反映了人们在当时条件下的认知水平。又以教学过程的评价环节为例，对某段时间教学过程的评价好坏也是相对的，而不是绝对的。教育者个人纵向在不断的变化发展之中，教育者群体横向也在不断发展变化中。因此，关于某段时间高校思想政治理论课教学过程的评价机制具有阶段性、发展性、变化性和相对性、制约性、竞争性。坚持动态性原则，就是要求思想政治理论课教学过程研究者在开展优化研究中，要看到思想政治理论课教学过程的全貌，把握思想政治理论课教学过程的动态规律，尽可能把握其变化发展的动态趋势。不能只看到过程的某个要素或环节；既要看到事物发展的过去，又要预测事物发展的未来；既要分析当前教学过程的运行机制，又要找出其优化发展的内在动力，还要重视环境的变化对于系统内部的影响。

三 前瞻性与可行性相统一的原则

2019年8月，中共中央办公厅、国务院办公厅印发的《关于深化新时代学校思想政治理论课改革创新的若干意见》中指出，教育是国之大计、党之大计，承担着立德树人的根本任务。思政课是落实立德树人根本任务的关键课程，发挥着不可替代的作用……办好思政课，要放在世界百年未有之大变局、党和国家事业发展全局中来看待，要从坚持和发展中国特色社会主义、建设社会主义现代化强国、实现中华民族伟大复兴的高度来对待。[①] 当前国际国内形势迅速变化，要求以发展性的视角对高校思想政治理论课教学过程进行适时预判和及时优化。这就要求在高校思想政治理论课教学过程优化研究中坚持前瞻性的原则。前瞻性原则要求高校思想政治理论课教学过程的优化研究既要立足于当前的现实情况又要充分考虑未来发展的可能，既要有现实性又要具有一定的超越性。为此，在当前的优化研究中坚持前瞻性原则尤为重要。首先，现代教学理念要求过程优化要坚持前瞻性

---

① 《中华人民共和国学校思想政治理论课重要文献选编》编写组：《中华人民共和国学校思想政治理论课重要文献选编》（下册），人民出版社2022年版，第1529—1530页。

第五章　高校思想政治理论课教学过程优化的机制与原则

原则。现代教学追求一种可持续的发展理念。当前，社会背景的发展变化使教学过程的内涵、外延都产生不同程度的变化。同传统教学过程相比，当前思想政治理论课教学过程的基本范畴、构成要素以及内在结构，随时都有可能被赋予新的意义。主体建构教学论认为，只有定位在具有发展性特征的认知教学才具有进一步讨论的价值。[①] 其次，思想政治理论课教学过程优化的最终目标要求思想政治理论课教学过程优化研究坚持前瞻性原则。思想政治理论课教学的根本目的是要促进受教育者的思想政治品德形成，这就需要遵循个体的思想政治品德形成发展规律，即适应超越律。它是指教育者的教育活动必须适应社会发展及受教育者自身发展需要并适当超越这种适应的规律。当思想政治理论课教学活动同受教育者的思想政治品德状况相符合，教育者所传授的教育内容、所实施的教育方法和所创设的教育环境就有利于大学生思想政治品德的发展，使受教育者逐步形成符合社会期望的思想政治品德，反之则会阻碍受教育者思想品德的发展。[②] 适应超越律是适应与超越的辩证统一。思想政治教育的对象不是一般性的对象，而是有思想的对象。既受学生身心发展的基本状况所制约，又能促进其身心发展。高校思想政治理论课教学活动作为思想政治教育活动的基本形式，显然要以大学生的思想品德的基本状况为根基，因而教育内容、教育方法要与受教育者思想品德的实际状况相适应，只有这样，思想政治教育的影响才能真正作用于受教育者，促使其思想品德逐渐升华。因此，思想政治理论课教学必须要遵循适应超越律。思想政治理论课教学过程的优化还要符合学生思想政治品德发展的基本规律。恩格斯在《路德维希·费尔巴哈和德国古典哲学的终结》中论述道："就单个人来说，他的行动的一切动力，都一定要通过他的头

[①] 蒙佐德、耿德英：《教学认知的多维解构》，电子科技大学出版社2006年版，第3页。
[②] 罗映光主编：《中国特色社会主义理论体系指导下的思想政治教育学原理》，中国出版集团、现代教育出版社2009年版，第388—389页。

脑，一定要转变为他的意志的动机，才能使他行动起来。"① 最后，现代信息技术的快速革新要求这一研究必须坚持前瞻性原则。当前数字信息技术、人工智能、虚拟仿真等现代信息技术已经成为教学过程优化发展的重要变量，基于数字技术形成的微观信息系统为思想政治理论课教学提供了一个新的场域，为思想政治理论课教学过程的优化打开了另一扇窗户。前瞻性原则不仅应用于思想政治理论课教学过程要素维度上，更应用于思想政治理论课教学过程优化研究的理念、思路之上。

同时高校思想政治理论课教学过程的优化也要立足现实，坚持可行性原则。教学过程的优化并不是孤立的，它是建立在坚实的理论基础和实践经验基础之上的研究。因此，教学过程的优化与相关理论基础、实践基础是相互依赖、紧密相连的，必须要具备一定的理论基础，关注教学过程本身的实际问题、教育者与受教育者的主客体状况。因此，笔者认为高校思想政治理论课教学过程优化方案、策略可行，那么它一定具有以下特点：一是条件可行。首先，优化方案符合高校大学生的学习特点。该教学方案既能为学生的理论知识接受创造条件，又能为大学生提供感受理论经验的学习体验，既注重学习的可能性，又注意到潜在的发展性。其次，优化方案要体现出教材的特点，体现出权威性、系统性、逻辑性和思想性。最后，优化方案要充分考虑到思想政治理论课教学过程的客观条件，如教学环境、教学的经费等因素。二是时间可行。教学过程的最佳方案不但要考虑效果，还要注意时间。从一定意义上说，时间经济是一种重要的经济因素，时间的节约是最大的效果。就是说，一种教学方案实施的教学效果尽管很好，但如果缺乏时间观念，不注意时间的节约，也是不可取的。三是执行过程可行。教学过程优化的可操作性取决于优化的目标、标

---

① 《马克思恩格斯选集》第4卷，人民出版社2012年版，第258页。

准及明确的执行计划，因此，必须制订合理、具体的优化目标以及明确的执行计划。四是目标可行。目标是教学过程设计和评价的依据，教学过程需要以目标为准绳，提出层次清晰、易于把握、可操作性强的高校思想政治理论课教学目标。

第六章

高校思想政治理论课教学过程优化的路径

毛泽东指出:"要完全地解决这个问题,只有把理性的认识再回到社会实践中去,应用理论于实践,看它是否能够达到预想的目的。"[①] 无论是对高校思想政治理论课教学过程优化的要素与结构分析,还是对其动态流程的探索,实质上都是对高校思想政治理论课教学过程优化的理论分析。然而,对于高校思想政治理论课教学过程优化研究这一问题来说,研究的最终目的是用科学理论指导教育实践。因此,本章研究的重点是在上述理论认识的基础上,探讨高校思想政治理论课教学过程优化的基本路径。

第一节 优化高校思想政治理论课教学过程的基本理念

理念,是一切行动的先导,高校思想政治理论课教学过程的优化理念决定着优化思路、推进范围、实施深度和最终结果。优化理念是实现高校思想政治理论课教学过程优化的首要问题。

---

① 《毛泽东选集》第一卷,人民出版社1991年版,第292页。

第六章 高校思想政治理论课教学过程优化的路径

一 坚持以生为本理念

确立教学理念是教学过程设计的灵魂。加涅指出，校舍、教学设备、教科书以至教师绝不是先决条件，唯一必须假定的事是一个具备学习能力的学习者，这是我们考虑问题的出发点。高校思想政治理论课不是理性先导式教学活动，要结合学生群体生理、心理的发展特点及心理需求，激发其内在心理动力，包括情感激励和榜样激励，使学生在精神上和心灵上受益，开发学习潜能，增强心理获得感。把握大学生的群体特点是开展和推进高校思想政治理论课的教学过程的必要基础。大学生是思想政治理论课学习过程的主体，正处于人生的"拔节孕穗期"，最需要精心引导和栽培。习近平总书记指出高校思想政治工作必须要"围绕学生、关照学生、服务学生"[1]。因此，高校思想政治理论课教学过程需要经常反思一个问题：学生究竟学得怎么样？大学生是高校思想政治理论课教学过程的具体接受者，通过高校思想政治理论课学习过程得以在思想方面、政治方面、道德方面和理论知识方面提高。这一过程实际上是一种个体认知活动，是教学的外部影响经由个体的自我矛盾运动进行的，这种认知活动是他人无法代替的，是建立在大学生的个体需求的基础上的。实现高校思想政治理论课教学过程优化，需要对大学生进行认真细致的研究，摸清其思想脉络和心理特征、生活实际和精神需求、思想困惑和人生追求。坚持"以生为本"教学理念，充分认识并肯定受教育者的主体地位，有利于在发挥学生主体作用的基础上，实现教师主导性和主体性的统一。当代大学生大多数出生于 2000 年以后，处于我国经济快速发展的时代，在现代信息技术快速发展的环境下成长，拥有较为充足的物质基

---

[1] 《习近平在全国高校思想政治工作会议上强调 把思想政治工作贯穿教育教学全过程 开创我国高等教育事业发展新局面》，《人民日报》2016 年 12 月 9 日第 1 版。

础、良好的教育环境。受到数字时代的影响显然更大、更全面，心理、行为上与"90后"会有较为明显的代际差异，在进行思想政治教育时的接受程度和关注点也随着时代不断发生变化。他们有着强烈的自我意识，个性化价值取向突出。数字时代背景下的教学过程主张"用户体验"理念，它是一种以用户为中心、注重用户体验的基本理念。这里的"用户体验"指代大学生在思想政治理论课教学过程中的学习体验。然而在实际的高校思想政治理论课教学过程当中，或多或少仍然存在部分教育者、管理者重"施教"而轻"受教"等现象，包括忽视受教育者学习体验、机械安排教学进程、盲目完成教学任务、主观臆测的受教育者实际需求、满足受教育者需求的方式上还相对粗放等，是阻碍高校思想政治理论课教学过程优化的重要因素。现代思想政治教育理论强调"以人为本"原则，其核心就是要以生为本，贴近受教育者的实际需求，开展各项教育活动。因此，实现教学过程优化必须要坚持以生为本的基本理念，高度关注高校思想政治理论课的学习体验，既要关注学生的客观参与行为，又要注重学生的主观心理体验，在此基础上进行合理的教学设计，以激发受教育者学习的积极性和主动性，提高学生对思想政治理论课的认同感和参与度。

二 增强教学衔接意识

教学衔接意识是指思想政治理论课教师基于教学过程以及受教者自身发展的阶段性、层次性与连续性，整体把握教学过程的观点和思想的总称。[①] 教学衔接意识包括横向衔接意识和纵向衔接意识。横向衔接是指思想政治理论课程与其他课程之间、高校思想政治理

---

① 杜环欢：《试论思想政治课教学衔接的路径选择》，《黑龙江高教研究》2011年第4期。

第六章 高校思想政治理论课教学过程优化的路径

论课各门课程之间、教师教学过程与学生学习过程之间、理论教学与实践教学之间、家校社之间等的整体把握和有机衔接。纵向衔接是指高校思想政治理论课教师基于受教育者思想品德形成发展的连续性和阶段性，对各个学段思想政治理论课教学过程的目标、内容、方法及评价进行整体把控，以确保大中小各学段间思想政治理论课教学过程的连续性和完整性。教学过程是一个有机的衔接整体，呈现出渐进发展、螺旋上升的发展趋势，前后阶段的教学活动总是环环相扣、层层深入的，这是高校思想政治理论课教学过程设计、实施和评价的基本准则。习近平总书记在学校思政课教师座谈会上指出："在大中小学循序渐进、螺旋上升地开设思想政治理论课非常必要，是培养一代又一代社会主义建设者和接班人的重要保障。"[1]但在现实情况中，思想政治理论课各门课程教学之间横向关联不足；各学段之间的纵向衔接不足，理论教学和实践教学脱节严重，线上教学与线下教学衔接较为生硬，思政课程与课程思政协同作用发挥不足等现象仍然存在。究其原因，除了教材、教学内容等客观因素的衔接不到位之外，教育者、管理者的教学衔接意识普遍比较淡薄也是重要因素。因此，增强思政课教师的衔接意识对于提高教学过程的实效性和针对性、实现整体优化有着重要意义。总体上来看，当前高校思政课教师群体都具备较强的研究能力，在具体的教学实践过程当中能够认真总结、刻苦钻研，并在此基础之上确立一定的衔接意识。但这种衔接意识多是基于教师个人的能力和习惯，具有较强的自发性、零散性、随意性和不确定性，在思政课教师队伍当中仍然存在衔接意识淡薄、衔接主动性欠缺的问题。此外，当前绝大部分高校思政课教师已经关注到不同学段思想政治理

---

[1]《习近平主持召开学校思想政治理论课教师座谈会强调 用新时代中国特色社会主义思想铸魂育人 贯彻党的教育方针落实立德树人根本任务》，《人民日报》2019年3月19日第1版。

论课教学过程的纵向衔接问题，但仍然缺少对受教育者在中小学阶段的思想政治理论课教材、教学目标、教学要求、教学内容、教学方法等基本情况的掌握，不了解大学生群体对思想政治理论课的学习兴趣和接受情况。这就要求要加强对高校思政课教师的相关培训，增强思政课教学队伍的整体衔接意识，提高思政课教师的衔接能力。对于思政课程的相关管理人员，需要从系统思维出发考虑思政课教学衔接问题，包括从宏观层面加强教学设计推动目标一体化、教材一体化、教学管理一体化和师资队伍一体化等具体工作的开展；从管理层面优化思政课教学的管理框架，包括建立相关的管理机制、联动机制、保障机制、队伍建设机制等。

三 贯彻以评促教理念

高校思想政治理论课教学过程的评价是基于特定教学目标，通过合理程序对已经完成或正在进行的教学过程与学习过程进行检测，从而对当前高校思想政治理论课的教学质量和水平做出合理的判断。它既包括对学生学习效果的评价和反馈，也包括对教师教学行为的观测与评价，还包括对整个教学过程的要素结构、环节运行的全面监测和合理诊断。树立"以评促教、以评促学"理念对于优化高校思想政治理论课教学过程有着重要的推动作用。激励中肯的教学评价是贯彻落实党对高校思想政治理论课课程基本要求，是提升高校思想政治理论课教师的教学能力、提高思想政治理论课教学实效性，实现高校思想政治理论课教学目标的基点。对高校思想政治理论课教学过程发挥着重要的导向功能、鉴别功能、选择功能、反馈功能、咨询决策功能和强化功能。从本质上来讲，教学评价是对教学活动的过程控制与结果控制，通过过程控制可以实现对高校思想政治理论课教学过程的动态控制和监督改进。通过科学的程序对师生在高校思想政治理论课教学过程的行为进行评价，检验高校思想政治理论课教学目标的完成程度和实现程度，从而对高校思想政治理论课教学过程做出正确的判断，进而及时反馈当前高校思想政治理论课教学过程的现实困境。从受教育者方面来看，激励中肯的教学评价有助于全面把控受教育者的学习进度和接受程度，对于不同受教育者的个体成长及独特性形成有着显著的正向推动作用，也易于受教育者正确认知自我、发展自我。从教育者方面来看，中肯的教学评价是衡量教师教学活动的重要一环，高校思政课教师通过教学评价能更加明确教学方向、确立教学目标、形成评价机制、补足教学短板。在高校思想政治理论课教学过程中，优化的依据和动力是对受教育者学习效果的评价和反馈。如果失去了教学评价，那么教学的改进过程将无法准确把握受教育者不断变化发展的思想动态与内在需求，受教育者的学习动机也会逐渐消失。对教育者教学行为的诊断和反馈，以评价促进教学，有利于改变思想政治理论课的传统教学结构，使学生不再只是简单地、机械地接受教师的知识的传授，也可避免教师不再对同一个知识点进行多次重复讲授，促进教师在授课过程中不断反思与重建，即可在提高高校思想政治理论课教学过程针对性的同时满足教育者个人发展的需求。此外，还包括要建立形成性评价和终结性评价结合起来的评价理念，注重推进评价指标、评价方法、评价主体、评价实施等方面的优化发展，进而促进高校思想政治理论课教学过程的评价更加科学化、合理化。

第二节　完善高校思想政治理论课教学过程的要素配置

要素的优化配置是实现高校思想政治理论课教学过程整体优化的基元。基于前文的剖析，这里笔者着重探讨教育者、教学目标、教学内容、教学方法等要素的优化。

一　统筹高校思想政治理论课教学目标

恩格斯指出："在社会历史领域内进行活动的，是具有意识的、经过思虑或凭激情行动的、追求某种目的的人；任何事情的发生都不是没有自觉的意图，没有预期的目的的。"[①] 思想政治理论课教学目标是教学活动开展的规划和要求，是教学实施的依据，是开展高校思想政治理论课教学过程的逻辑起点。说它是思想政治理论课教学过程优化的前提有以下几个方面的原因：首先，教学目标是教学过程的要素之一，是设计高校思想政治理论课教学过程的起点和基本依据。其次，教学目标的确定影响着学生学习目标的确立与调整。再次，教学目标也为教师教学过程的开展指明了方向，是推进高校思想政治理论课教学过程优化的出发点和落脚点，支配着教学的全过程，制约着教师教学方法和学生学习方法，为教学效果的评价提供了基本参考依据，在整个思想政治教学过程的优化中起到了提纲挈领的作用。高校思想政治理论课教学目标，是高校思想政治课教学、对大学生进行思想政治教育所要达到的预期结果，规定了思想政治理论课教学的内容及其发展方向。[②] 所以，教学目标的优化是实现思想政治理论课教学过程优化的前提。

教学目标对于整个教学过程具有定向性和导向性，是教学的出发点。教学目标有广义和狭义之分。广义上的教学目标是指教育目的和培养目标。狭义上的教学目标是指在社会里占主导地位的由国家提出的教育总目的。有学者综合教育者的维度和受教育的维度，认为教学目标的内涵包含三个层次：其一，教学目标是教学行为主体在教学活动之前所构建的一种结果预期；其二，教学目标构建的主要依据是教

[①]《马克思恩格斯选集》第 4 卷，人民出版社 1995 年版，第 247 页。
[②] 辛源：《大学生思想政治理论课认同研究》，中国商务出版社 2018 年版，第 124 页。

育目的、培养目标以及课程任务和要求；其三，教学目标最终体现为学生的身心发展。本研究主要探讨的是基于狭义上的思想政治理论课的教学目标，具体是指在思想政治理论课教学过程中大学生在知识、能力、情感等方面取得的学习效果，一般是由国家或国家的教育部门根据社会发展的历史人物和受教育者的健康成长的需求提出的，反映了在一定时期内，对大学生的思想、政治、品德、行为等方面的具体要求。它制约着课程设置，规定着教学内容的选择和组织以及开展教学的活动方式，是教育目的和培养目标的具体体现。它是一个具有复杂性、多样性、层次性的目标系统，是结果性目标、体验性目标与表现性目标，近期目标与远期目标，显性目标与隐性目标，基础目标与发展目标的统一。

  高校思想政治理论课教学目标是多维度性和多层次性的有机结构。学者们依据不同的标准对其做出了不同的分类，包括知识维度目标、情感维度目标、认知维度的目标构成的目标整体[1]，还包括知识目标、价值目标和信仰目标构成的目标整体[2]。本研究基于教学过程是"教师教"和"学生学"的统一，分别从认知维度、价值维度和信仰维度来分析教学目标的优化。首先，需要明晰知识目标、价值目标、信仰目标之间的关系。从发生学的视角来看，思想政治理论课首先是一种知识教育，知识教育是思想政治理论课的原生形态。知识教育是政治教育和道德教育的基础前提，政治教育、道德教育是以知识教育为基本形式和载体的。高校思想政治理论课的教学内容是建立在科学理论的基础之上，以现实的人和人类社会为立足点的，它正确地反映了自然、社会、人类思维发展的本质和规律，是在总结无产阶级斗争经验和人类自然科学、社会科学优秀成果的基础上形成和发展起

---

[1] 王能东：《高校思想政治理论课教学论》，人民日报出版社2017年版，第55页。
[2] 张加明、胡沫等编著：《高校思想政治理论课教学方法体系优化创新研究》，长江出版传媒、湖北人民出版社2017年版，第63页。

来的，并结合社会发展过程中的实践经验，吸收自然科学和社会发展的最新成就，坚持辩证唯物主义和历史唯物主义的世界观和方法论，对历史发展的客观规律进行深刻揭示，在此基础上实现了科学社会主义的创立，指明了人类社会发展进步的基本方向。这一知识体系自身包含着鲜明的意识形态属性，蕴含着鲜明的价值教育和信仰教育的意味。价值目标是处于知识目标和信仰目标层次之间，是二者的中间环节。必须要把知识教育和价值教育有机结合起来，深入挖掘思想政治理论课程的价值教育功能，引导大学生树立正确的世界观、人生观和价值观，帮助他们掌握和形成科学的政治素养、道德修养，获得对社会的科学态度和审视视野。信仰目标是思想政治理论课教学的最高目标。早在2004年，《中共中央、国务院关于进一步加强和改进大学生思想政治教育的意见》中就明确指出，高等学校思想政治理论课是大学生思想政治教育的主渠道。思想政治理论课是大学生的必修课，是帮助大学生树立正确世界观、人生观、价值观的重要途径，体现社会主义大学的本质要求。高校思想政治理论课学习过程不仅是一种知识学习过程，还是一种个体价值观和人生态度的习得过程，更是一种具有信仰属性的认同过程。思政课教学的信仰属性是表征社会主义大学的本质的根本属性。思想政治理论课不仅是一种知识教育课程，而且是一种价值引导课程，更是一种信仰教育的课程。当前重要的是，结合时代特征以及学生的认知特点及其发展规律，推进高校思想政治理论课教学目标的优化。

（1）把握整体性，优化高校思想政治理论课教学目标。教学过程的整体优化规律要求高校思想政治理论课教学目标的优化要坚持整体性原则。首先，要把不同维度的目标统一于教学当中。认知目标须以课程的知识内容为载体，它是完成高校思想政治理论课价值目标和信仰目标的前提。价值目标和信仰目标的完成方式主要是依靠知识教育的灌输方式来完成的。正如列宁所说："阶级政治意识只能从外面灌

第六章 高校思想政治理论课教学过程优化的路径

输给工人。"① 而高校思想政治理论课教学的最终目标是用马克思主义基本理论和观点武装学生头脑，使其成为德智体美劳全面发展的时代新人，进而真正成为对国家与社会具有价值的人。因此，高校思想政治理论课教学目标更多的是关注价值层面和信仰层面的目标。其次，要推动高校思想政治理论课教学过程的课程目标、单元目标和课时目标的整体优化。裴娣娜认为，相对于教育目的、培养目标、教学目的等上位概念，教学目标是一种更为具体的、微观的概念，可以分为行为目标、生成性目标及表现性目标。② 高校思想政治理论课教学目标的优化需要各层次目标的协调配合。关注各门课程之间教学目标的协调配合，处理好各门课程之间的内在关系。最后，要注重推动大中小思想政治理论课教学目标的一体化，使各学段思政课教学目标既有层次性又有整体性。正如中共中央办公厅、国务院办公厅印发《关于深化新时代学校思想政治理论课改革创新的若干意见》中指出，要整体规划思政课课程目标。在大中小学循序渐进、螺旋上升地开设思政课，引导学生立德成人、立志成才，树立正确的世界观、人生观、价值观，坚定对马克思主义的信仰，坚定对社会主义和共产主义的信念，增强中国特色社会主义道路自信、理论自信、制度自信、文化自信，厚植爱国主义情怀，把爱国情、强国志、报国行自觉融入坚持和发展中国特色社会主义事业、建设社会主义现代化强国、实现中华民族伟大复兴的奋斗之中。③

（2）提高针对性，优化高校思想政治理论课教学目标。泰勒指出，我们在教学目标的理解和表达上，更多地把目标作为教师要做的

---

① 《列宁全集》第6卷，人民出版社1986年版，第76页。
② 全国十二所重点师范大学联合编写，裴娣娜主编：《教学论》，教育科学出版社2007年版，第110页。
③ 《中华人民共和国学校思想政治理论课重要文献选编》编写组编：《中华人民共和国学校思想政治理论课重要文献选编》（下册），人民出版社2022年版，第1530页。

事情来陈述,但却没有陈述期望学生发生什么变化。① 因此,既要从"教师教"的角度来把握思想政治理论课教学目标,也要兼顾到从"学生学"的角度来感悟教学目标,针对性越强,其所设定的预期教学效果就越具体。在制定高校思想政治理论课教学过程中要关注学习者的学习动机、接受特点、接受习惯、情绪和效能感,把握大学生的"期待视野",强调对大学生的认知结构、心理特征、思想流向、审美旨趣、价值取向、道德行为和生活阅历的调研,既要提高科学性,又要增强可行性。

(3) 着眼时代性,优化高校思想政治理论课教学目标。思想政治理论课程有着鲜明的时代属性,这就要求思想政治理论课教学目标的制定要立足于现实世界和现实生活,紧跟时代步伐。当前,高校思想政治理论课的核心内容是对大学生进行社会主义核心价值观教育、推进习近平新时代中国特色社会主义思想进教材、进课堂、进头脑,以培养担当民族复兴大任的时代新人。为此,要做好高校思想政治理论课整体目标设计、课程目标设计、课时目标设计。坚持用习近平新时代中国特色社会主义思想铸魂育人,加强"四个自信"教育,将学习贯彻习近平新时代中国特色社会主义思想体现在大中小学各学段的课程目标、课程设置和课程教材内容中,实现全覆盖,贯穿全过程。

二 优化思想政治理论课教师教学行为

先进的教学理念最终是要落实在实践当中并转化为教学行为的。在教学过程中,无论是知识的传授、能力的形成还是情感价值观的培养,都是通过教学行为的发生而实现的。它连接教学要素与环节,决

---

① [美]拉尔夫·泰勒:《课程与教学的基本原理》,施良方译,瞿葆奎校,人民教育出版社1994年版,第34页。

第六章　高校思想政治理论课教学过程优化的路径

定着教学过程的效率和质量。教师的教学行为在教学行为体系中居于主导地位，发挥着关键作用，是影响学生发展最直接、最重要的因素，是教师将自身的基本理念应用于教学实践，影响着教学效果的最为关键的行为体系。教学行为是一个复杂体系，学者们依据不同的标准对教学行为进行了不同的分类。依据教学行为的媒介可以划分为言语行为和非言语行为；依据行为对象的指向，可以划分为以学生为对象的行为、以教师为对象的行为、以教学环境和条件为对象的行为；根据行为的目的达成度，可以将教学行为划分为有效教学行为和无效教学行为。① 依据表现形式来看教学行为可分为主教行为、辅助行为、管理行为和反思行为。② 依据教师掌握心理学、教育学理论和教育技术程度，可以把教师的教学行为分为尝试式教学、因循式教学和策略式教学。③ 依据"主要—辅助—管理"三模块分类，把教师的教学行为划分为主要教学行为、辅助教学行为和教学管理行为。④ 笔者认为，不管基于何种划分依据，教师教学行为都是教学理念、教师素质、教学能力的外在显现。

教学行为的优化是实现高校思想政治理论课教学过程优化的关键，这源于高校思想政治理论课教师在教学过程中的关键地位和作用。首先，教师是教学过程中发挥主体和导引作用的组织者与实施者。其次，教师决定学生学习的内容、方法和时间。教师依据教学目标把教学内容转化为传输内容，并结合学生已有知识结构、学习能力等情况确定教学方法，往往也会根据实际需要对教学内容进行

---

① 王能东：《高校思想政治理论课教学论》，人民日报出版社2017年版，第63页。
② 朱小蔓名誉主编，殷晓静编著：《课堂教学分析：理论视角》，南京师范大学出版社2016年版，第250页。
③ 谭顶良：《从因循式教学到策略式教学——兼论教师继续教育的目标与形式》，《南京师大学报》（社会科学版）1999年第3期。
④ 施良方、崔允漷主编：《教学理论：课堂教学的原理、策略与研究》，华东师范大学出版社1999年版，第149页。

调整，合理安排教学时间。最后，教师在传授知识的同时，要使学生持续保持学习热情，才能推进学习过程的顺畅展开和运行。思想政治理论课教师是完成思想政治理论课教学任务、落实立德树人根本任务的关键，是实现思想政治理论课教学过程优化的关键。教师的教学状态是影响高校思想政治理论课教学过程优化的重要变量，是强化思想政治理论课教师的教学动机、学生的学习动机，增强教学过程针对性和实效性的重要方面。作为"德政工程"的第一资源，思想政治理论课教师是中国特色社会主义大学中的特色群体，是社会主义意识形态和精神文明的传播者，是发挥思想政治理论课主渠道、主阵地作用的中坚力量。[1] 党的十八大以来，中国特色社会主义进入新时代，国际国内形势的新变化、社会主义建设的新部署和新论断对高校思想政治理论课教师提出了从量到质、从合格到卓越的更高标准和要求。思想政治理论课是铸魂育人的灵魂课程，讲好思政课，不仅要有"术"，也要有"学"，更要有"道"。据此，我们从自身素养、师德师风及专业能力等方面来谈高校思想政治理论课教师教学行为的优化。

（一）持续优化高校思想政治理论课教师的政治素养

习近平总书记在学校思政课教师座谈会上强调要发挥思政课教师的"关键作用"，必须做到"政治要强、情怀要深、思维要新、视野要广、自律要严、人格要正"，持续提升自身素养。"政治要强"居于"六要"之首，在思政课教师的核心素养中居于统领地位，对思想政治理论课教师的政治素养提出了更高水平、更高层次的要求。政治站位是合格思政课教师的最重要、最基本的素质，政治素养的优化是思想政治理论课教师优化的首要条件。首先，思想

---

[1] 刘经纬、张明月：《思想政治理论课教师荣誉感塑造研究》，《吉林师范大学学报》（人文社会科学版）2019年第4期。

政治理论课教师要真学马克思主义信仰，有坚定的社会主义信念和崇高的共产主义理想。习近平总书记指出："让有信仰的人讲信仰。"① 思政课要引导学生树立正确的理想信念，切实在政治方向、政治信仰、政治立场上同党中央保持高度一致，坚定中华民族伟大复兴中国梦的信心。坚持政治立场是上好思政课的基本保障与高校思想政治理论课教师必备的基本素养。其次，真懂马克思主义信仰是对思想政治理论课教师的基本要求。"真学"是"真懂"的手段，"真懂"是"真学"的目的。思想政治理论课教师要讲清楚讲透彻马克思主义，需要以真懂马克思主义为前提基础。真懂是将自身的使命担当与学习马克思主义相结合，彻底弄懂弄通马克思主义的基本立场和基本观点，不能一知半解、不求甚解，更不能不懂装懂、断章取义、似懂非懂。再次，思想政治理论课教师要真信马克思主义。思政课教师只有坚持马克思主义信仰，才能确保方向，才能保证在学习和教学过程中避免偏差，也才能更好地教书育人。最后，思想政治理论课教师要真用马克思主义。毛泽东指出："如果有了正确的理论，只是把它空谈一阵，束之高阁，并不实行，那末，这种理论再好也是没有意义的。"② 对思政课教师来讲，真用即真教。即系统传授马克思主义理论知识，教会学生运用马克思主义的立场和观点，争做时代新人。

（二）继续提高高校思想政治理论课教师的专业能力

思想政治理论课作为一门课程，要求思想政治理论课教师掌握思想政治理论课教学的"看家本领"，具备语言表达能力、领悟现代教育理念的能力、课堂教授与应变的能力、教学组织与管理能力、反思

---

① 《习近平主持召开学校思想政治理论课教师座谈会强调 用新时代中国特色社会主义思想铸魂育人 贯彻党的教育方针落实立德树人根本任务》，《人民日报》2019年3月19日第1版。

② 《毛泽东选集》第一卷，人民出版社1991年版，第292页。

能力、科研能力和教学评价能力。从教师自身的角度来看，教师首先要加强对思想政治理论课的理解，主动学习思想政治教育学科的历史发展和前沿知识；不断深化对思想政治理论课的特征、教学过程规律、学生接受规律及高校思想政治教育规律的认识。其次要主动获取现代教育中有关教学和学习的思维方式，不断提高自己的业务能力和教学技能。包括在教学设计能力、教学组织和实施能力、教学评价反馈的能力等；此外，还有交往能力、组织和管理能力、课程开发与创生能力、自我反思与教育科研能力。最后，要努力跟上时代的步伐，密切关注网络思想政治教育的发展，积极主动地适应数字时代、人工智能时代的教学方式，主动学习计算机和信息技术等一些新媒体知识，提升信息数字处理能力，提高捕捉信息的敏锐性和信息分辨的准确性，运用互联网展开高校思想政治理论课教学过程，用主流意识形态主动占领互联网领域。从学校和社会的角度来看，要完善思想政治理论课教师培训制度，统筹培训内容、完善培训方式，形成满足不同年龄段、具有针对性的思想政治理论课教师培训方案。建立并完善思想政治教育信息库，建设思政课教师共享的"优秀思想政治理论课"网络平台。

（三）不断强化高校思想政治理论课教师的师德师风建设

苏联教育家苏霍姆林斯基把教师比作创造未来人的雕塑家，具有人格魅力、文化底蕴深厚和善于治学育人是一个合格教员的三项基本素质。"立德树人"是高校思想政治理论课教学的根本任务。子曰："其身正，不令而行，其身不正，虽令不从"。这就要求高校思想政治理论课教师首先要做到以德立身。要求思想政治理论课教师具有高尚的道德，具有良好的职业操守，不断加强自身修养，以更高的道德标准和水平要求自己，以正确的世界观、价值观、人生观去影响学生，做到正人先正己。其次要以德立学。高校思想政治理论课教师既要有扎实的理论功底、过硬的教学能力，又要有认真的态度和求真的精神，这样才能达到"学高为师，身正为范"。最后要坚持以德立教。高校思政课教师要自觉养成正直的人格，包括政治方面的人格、道德方面的人格、思想方面的人格及心理方面的人格，以高尚的人格感染学生、以潜移默化的方式作用于学生，促进思政课教学更好地发挥育人的功能。此外，还要继续深化高校思想政治理论课教师的家国情怀。习近平总书记强调，思想政治理论课教师情怀要深，要"保持家国情怀，心里装着国家和民族"[①]。高校思想政治理论课教师要把对国家和民族、对党和人民的热情融入教书育人的实际行动中，把个人和集体、学校和社会统一起来，以自我的人格魅力和道德境界感染学生，以更高的热情投入到立德树人的思想政治理论课教学当中去。

（四）进一步增强高校思想政治理论课教师的教学艺术

教学效果不仅取决于教师个体素质的优化，还取决于教师的教学艺术，取决于教师和学生在高校思想政治理论课教学过程的互动效果。良好的教学氛围能够激发学生的学习热情，带动学生学习的积极性、创造性，调整师生的参与状态，丰富大学生的思想政治理论课学习体验。因此，营造良好的教学氛围是优化教学生态的重要内容。其一，构建平等和谐的师生关系。平等和谐的师生关系既是学校人际关系中的核心关系，也是连接教育教学过程中不可或缺的纽带。平等和谐的师生关系直接关系到高校思想政治理论课教学目标的实现及高校思想政治理论课的教学效果。在实际的教学过程当中，如果师生之间是一种平等、和谐、信任、理解的关系状态，那么高校思想政治理论课的教学氛围必然也呈现出一种和谐愉悦的良好状态。和谐平等的师生关系的具体内涵包括教师和学生在人格上的平等、在互动中的民

[①]《习近平主持召开学校思想政治理论课教师座谈会强调 用新时代中国特色社会主义思想铸魂育人 贯彻党的教育方针落实立德树人根本任务》，《人民日报》2019年3月19日第1版。

主、在相处上的融洽，它的核心是人与人之间的一种情感关系。构建平等和谐的师生关系是增强高校思想政治理论课教学主体的互动效果、实现教师和学生共同发展、提高教学获得感的重要举措。教师首先要用高尚的人格感染学生、赢得学生，自觉做为学为人的表率；其次要转变传统的师生观，树立正确的学生观、科学的人才观和平等的师生观。最后要充分信任学生、尊重理解学生、主动关爱学生，满足学生的主观需求，积极与学生沟通，体验学生情感，以创设和谐情境、构建平等互动模式，创设出良好的心理教学氛围，坚持在教师主导和学生主体相统一中推动高校思想政治理论课程春风化雨、沁润心灵。其二，创设和谐融洽的课堂教学氛围。良好的师生关系与融洽的课堂教学氛围是相辅相成的。创设和谐融洽的高校思想政治理论课课堂教学氛围有利于形成教师乐教、学生乐学的教学生态，它是高校思想政治理论课备、教、管、考等环节顺利实施的必要条件。这就要求，高校思想政治理论课教师首先要具备一定的教学艺术，包括导入的艺术、内容承接的艺术、节奏调节的艺术、板书的艺术、结尾的艺术、师生沟通的艺术等。[1]譬如，在高校思想政治理论课教学的导入环节，要注重启发大学生的思维，善于创设问题情境，即通过一定的方式和手段有意识地创设困难和冲突，引发学生质疑和探究，同时还要注意趣味性和启发性。又如教师要把握高校思想政治理论课教学课堂提问的艺术，要注意适时而恰当的教学提问，这样既能够集中学生的注意力，也能合理掌控思想政治理论课课堂教学的节奏。再如，教师掌握课堂教学的言语技巧，把握课堂教学的趣味性、动听性、流畅性和幽默性，对于营造生动活泼的课堂教学氛围，使高校思想政治理论课的教学课堂从"沉闷课堂"转变为"快乐课堂"。其三，教师要

---

[1] 余双好：《思想政治理论课程教学法探析》，中国人民大学出版社2018年版，第194—197页。

第六章 高校思想政治理论课教学过程优化的路径

善用现代教育技术。当前，以云计算、物联网、人工智能等技术为代表的现代信息技术已经广泛渗透到高校思想政治理论课教学过程的各方面，深刻影响着教育教学的现代化发展进程。这种影响不仅是技术层面的影响，还包括教学过程中的理念、内容、制度、模式、方法等。数字时代，如何充分用好数字化、数智化优势，更好完成思想政治理论课程立德树人的根本任务，是时代赋予的一项重要课题。要推动网络技术、人工智能等与高校思想政治理论课教学的深度融合，大力推进混合式教学、智慧教室、智能助教、智能督导、智能校务等智慧化教学新体系的完善，助力创设更为生动的课堂教学氛围。

（五）整体推进高校思想政治理论课师资队伍建设

中共中央办公厅、国务院办公厅印发的《关于深化新时代学校思想政治理论课改革创新的若干意见》中指出，要坚持培养高素质专业化的思政课教师队伍，积极为这支队伍的成长发展搭建平台、创造条件。进一步提升思想政治理论课专任教师的任职标准，使思想政治理论课教师能承担、敢承担、愿承担。一要优化思想政治理论课教师的培训环节。教育者先受教育，优化思想政治理论课教师的培训环节是不断提高教学能力和水平的重要保障。首先要形成思想政治理论课教师的常态机制，逐步完善国家、地方和高校的三级培训制度。其次，要加快思想政治理论课教师一体化培训体系，包括职前职后一体化，大中小各学段一体化培训，保证高校思想政治理论课教师培训的系统性、持续性。二要优化思想政治理论课教师的考核环节。科学的高校思想政治理论课教师考核环节，对于调动思想政治理论课教师工作积极性、加强高校思想政治理论课教师队伍建设具有重要的促进作用。传统的评价标准具有指令性、单向性的特点，这种考核标准只重视教学结果而忽略了教学过程，忽略了教师的综合素质，忽视了教师的情感因素和思想政治理论课教学的特殊属性。因此，首先要建立健全高校思想政治理论课教师考核工作的政策法规，从宏观上为高校思想政治理论课教师考核提供政策支持和保障。其次，要建立科学的考核指标体系和考核标准。这个指标体系要尽可能全面，包括对思想政治理论课教师的政治素质、专业能力、工作态度、教学效果等方面内容。最后，要建立具有可操作性的考核方法。坚持定量考核与定性考核相结合，日常考核与年度考核相结合，过程评价和结果评价相统一。三要优化思想政治理论课教师的激励机制。面对当前高校思政课教师教学任务过重、考评机制不健全的一些现象，要积极健全思想政治理论课教学的责任体系，形成党委统一领导、各部门各方面齐抓共管的工作格局。完善思想政治理论课教师职称评定的单独管理机制，注重对思政课教师队伍的人文关怀，改善思想政治理论课的社会地位和工作环境。

三　整合高校思想政治理论课教学内容

教学过程的优化取决于多种因素，教学目标的优化只是从宏观上规定了高校思想政治理论课教学过程优化的基本导向和架构，落实的关键还在于具体教学内容的优化。任何类型课程的教学内容，都是以教学目标为直接依据来选择的，同时是教学目标的直接反映。教学内容是教师与学生传递的重要信息，是教学目标的具体呈现，一般包括课程标准、教材和课程等。它主要解决教师教什么和学生学什么的问题。从本质上看，教学内容主要以直接经验和间接经验两种形态来呈现，主要是指知识和技能。高校思想政治理论课教学内容是构成教学过程的核心要素，是制定教学方案、选择教学方法、实现教学目标的重要依据。教学内容的性质，直接决定着教学活动方式。理论教学和实践教学的教学方式显然有本质上的区别。值得关注的是，长期以来，有许多研究者将高校思想政治理论课教材与教学内容等同起来，认为教材的内容就是教学过程中的教学内容。显然这种观点是片面的，教材和教学内容是不能等同的，教材规定了教学内容的范围、边界,但不是所有的教材内容都是教学内容,教学内容的组织和制定要与具体的教学的实际情况相匹配。教学内容是教师依据课程的基本要求、学生的学习特点及接受规律进行的"二次加工",即由教材体系向教学体系转化。因此,教学内容的合理性程度和优化程度制约着教学目标的实现,影响着人才培养的质量。

教学过程内容的优化,是实现高校思想政治课教学过程优化的核心要素,是深化教学改革的一项基础工作。思想政治理论课教学内容不是单一的直接经验和间接经验的知识体系。笔者在这里把思想政治理论课的内容体系划分为宏观、中观、微观三个层次,分别指代的是国家制定课程标准、教材或教科书以及课堂教学内容。自2005年以来,思想政治理论课程的所有教材的编写都由国家统一筹划和编写,中共中央政治局常委会从宏观层面推动,专门研究关于加强和改进高校思想政治理论课的问题,审定了教材编写大纲,汇聚全国力量编写教材,并列入"马克思主义理论研究与建设工程",保证了教材的政治性与权威性、科学性与学术性、理论性和应用性。这里着重探讨对微观层次教学内容的优化,即如何实现教材内容向教学内容转化。

(一) 以教材为中心优化高校思想政治理论课教学内容

高校思想政治理论课教材内容为教学内容提供基础和依据、方向和原则。新中国成立以来,高校思想政治理论课程内容体系先后经历了马克思主义理论教育"老三门"方案、"85方案"、"98方案"、"05方案"四次重大变革,并逐步走向稳定。总的来看,高校思想政治理论课课程内容体系可以划分为三大层次:第一个层次是马克思主义基本原理及其各组成部分的基本内容;第二个层次是马克思主义中国化的发展及各组成部分的基本内容;第三个层次是运用科学的立场、观点和方法认识改造主观世界的教学内容。具体分析,第一个层次的教学内容重点在于为大学生提供科学的立场和观点,打牢理论基础和前提;第二个层次的教学内容目标在于帮助受教育者掌握马克思主义中国化的理论成果；第三个层次的教学内容在于帮助大学生形成并提高运用科学理论的能力，形成正确的个体价值观念。思想政治理论课教学内容的优化，是在教材内容的范畴内，结合时代特征和学生接受特点进行的整合。

（二）注重教学内容的横向整合与纵向衔接

由于编写逻辑的完整性和系统性，思想政治理论课教材在编写时难免会存在重复的问题。高校思想政治理论课教学内容在横向和纵向上都存在重复性。横向重复是指思想政治理论课具体课程之间内容存在重复，纵向重复是指不同学段思想政治理论课中的内容有重叠，这在某种程度上会造成重复教学，降低学生的求知欲，弱化高校思想政治理论课的教学效果。因此，横向整合和纵向衔接是优化教学内容的重要向度。第一，课程之间的横向整合。由于诸多课程之间有交叉、有联系，需要对不必要的重复内容进行删减，有联系的内容要厘清关系。课程间的重复内容要删减，使各门课程内容在横向结构上紧密相关。如："思想道德与法治"课的理想教育与"马克思主义基本原理概论"课科学社会主义部分有联系，可以运用共产主义原理来进行联系与深化，"思想道德与法治"课中社会主义核心价值体系等内容与"毛泽东思想和中国特色社会主义理论体系概论"课文化建设部分有联系，可以将二者整合，着眼于社会主义文化建设角度践行社会主义核心价值观教育；"中国近现代史纲要"课是其他几门课程的历史背景和脉络，可以从历史发展的角度阐释理论的来源、发展，为其他各门课程的阐释提供历史依据。《新时代学校思想政治理论课改革创新实施方案》的通知中明确指出，"毛泽东思想和中国特色社会主义理论体系概论"课可结合"中国近现代史纲要"课中的历史背景以加深学生对其理解，重点突出习近平新时代中国特色社会主义思想的最新成果，同时注重借鉴"概论"课、"纲要"课、"基础"课，还要注重借鉴"原理"课的世界观、方法论、认识论。注意"基础"—

第六章 高校思想政治理论课教学过程优化的路径

"原理"—"纲要"—"概论"各门课程内容之间的内在逻辑顺畅连接。第二，注意不同学段之间课程教学内容的纵向衔接，注重一体化建设。在充分把握小学、初中、高中和大学各个学段侧重点不同的基础上，注重教学内容的内在关联。

（三）挖掘高校思想政治理论课教学资源

如果说教材内容是教学内容的主要来源，那么相关资源就是教学内容的重要辅助。思想政治理论课教学资源包括多种类型，诸如自然资源、社会资源、物质资源、精神资源、历史资源等，具有基础保障功能、激发驱动功能、承载传递功能等。近年来，越来越多的学者们关注到了教学资源在高校思想政治理论课教学过程中的生动性、实效性和针对性，诸如将中华优秀传统文化、革命文化、社会主义先进文化等纳入教学内容体系当中，在丰富教学内容的同时，极大地提高了思想政治理论课的有效性和实效性。以"抗击疫情""北京冬奥会"等重大社会事件为例，为大学生上了一堂生动的思政大课。因此，进一步挖掘高校思想政治理论课教学资源，与文本教材形成相互补充、相辅相成，推动思想政治理论课教学内容不断优化。

四 改革高校思想政治理论课教学方法

"工欲善其事，必先利其器。"优化思想政治理论课教学方法解决的是"桥或路"的问题。教学方法是实现"教"与"学"相统一的桥梁和纽带。教学方法在一般意义上是指在教学情境或者过程中，教师和学生为了达成一致的教学目标运用的方式与手段。任何教学方法都是教法和学法的相互联系、辩证统一，既融合了教方面的方法，也融合了学方面的方法。思想政治理论课教学方法是指在为了实现课程目的，顺利完成教学任务，所采用的教法和学法的总称。[1] 之所以说，思想政治理

---

[1] 骆郁廷主编：《高校思想政治理论课程论》，武汉大学出版社2006年版，第203页。

高校思想政治理论课教学过程优化研究

论课教学方法的优化是优化教学过程的重点。首先是因为，教学方法的选择和使用是为了达成一定的教学目标及教学任务，也就是说，采用什么样的教学方法是以教学的目标和内容为遵循的。其次，教学方法是连接教师与学生的中介和桥梁，是保证教师教学过程和学生学习过程顺利展开的重要因素，教授法和学习法有机结合、辩证统一。最后，教学方法内含特定的教育和教学的价值取向和目标要求。

教学目标的实现很大程度上取决于教学内容能否被恰当传授，这也就表明，思想政治理论课教学方法的重要性。但高校思想政治理论课可采用的教学方法众多，每一种教学方法都有自身的特性和适用范围，又都有其局限性，要善于对各种教学方法进行具体分析，把握其各自的优劣，在教学中取长补短，综合运用。传统思想政治理论课教学方法"照本宣科"，缺乏针对性和灵活性，已经影响到了课程教学的实效性和针对性。因此，必须要高度重视课程教学方法，推进思想政治理论课教学方法的优化。为此，首先就要注意教师的教法、学生的学法与现代信息技术三者之间的协调组合，有机统一。其次要注意不同类型的教学方法要相互配合。最后要注意教学方法与教学目标、学生特征以及教学环境的适切性。

（1）实现教师的教法与学生的学法之间的优化组合。从主体维度来看，教法和学法相互依存构成完整的高校思想政治理论课教学过程方法体系。教法与学法之间存在着差异性，合理选择相应的教学方法，对整个高校思想政治理论课教学过程起着矫正和整合的先导作用，因此在这方面它对学生处于权威的地位。而学生习得的经验方法往往带有很大的自发性，主要依靠教师的教学才能使自己的零散经验融合于主导文化之中而逐渐成熟起来。① 在高校思想政治理论课教学

---

① 吴也显：《教与学：课堂文化重建及走势》，南京师范大学出版社2013年版，第147页。

过程中，教师的教法对学生学法具有明确的导向作用。教师在教学过程中的主要作用就是引导学生学会学，教师的教法是指向学生的。传统的灌输式教学方式是一种单向度的教学方法，教法直接决定学法。因此，教学方法优化应当以受教育者的心理功能、生理功能为基础，突破单一维度，对学生在学习方法中的无意识性、自发性、随机性和潜在性加以引导，以学促教、以生定学。

（2）实现思想政治理论课教学过程中教学方法的优化整合。整合就是融合集成。高校思想政治理论课教学过程的多目标性决定了教学方法的多样性，具体的各门课程的不同侧重点也决定了教学方法的多样性，大学生群体的个体差异性也决定了方法方面的多样性。所以，教学方法的优化组合在高校思想政治理论课教学过程中必不可少。具体是指，首先要注意教学过程中不同方法之间的相互配合，实现教学过程设计、教学组织、教学活动开展的协调与共济；其次要注意坚持共性与个性相统一的原则，注意群体教学方法与个别教学方法之间的配合；再次要坚持与时俱进，注意传统教学方法与现代教学方法之间的整合；最后要实现学校教学方法、家庭教学方法、社区教学方法之间的相互配合。教学方法是当前深化思想政治理论课教学改革的最优切入点和突破口。近年来，党中央和教育部在推进教学改革等方面出台了一系列文件，包括2011年印发的《高等学校思想政治理论课建设标准（暂行）》、2013年印发的《普通高等学校思想政治理论课教师队伍培养规划（2013—2017年）》和《高校思想政治理论课教学方法改革项目"择优推广计划"实施方案》、2015年的《普通高校思想政治理论课建设体系创新计划》、2019年的《关于深化新时代学校思想政治理论课改革创新的若干意见》等，为教学方法的优化整合提供了理论支撑和政策导向。当前，大学生群体的个性化特征愈益鲜明，技术变革的速度不断加快以及思想政治理论课教学的深化改革，推进高校思想政治理论课教学方法的优化整合作用更加重要，创新教学手段和方式受到越来越多管理者和研究者的关注。

（3）提高教学方法与教学目标、学生内容、教学环境的适切性。首先，教学方法与教学目标要具备适切性。教学方法和技术是实现教学目标的有效手段，是为实现教学目标服务的。科学选择教学方法对教学目标的实现具有重要意义。方法与目的二者密不可分，教学方法总是为着教学目的服务的。① 方法选择和确定具体的教学方法要明确教学目的和任务，对每个教学环节的具体教学内容、具体的教学任务以及所要达到的教学目的、教学的重难点的原因和教学关键都要做出认真分析。掌握基本理论知识是主要目的，实现这一目标的方法包括语言方法、图片视频方法以及实践方法等，针对高校思想政治理论课各门课程的特征及所要达成的目标选择教学方法，如在《中国近现代史纲要》的课程教学当中，要注重开展实践教学，注重将理论教学方法与实践方法相结合。其次，提高教学方法与教学内容的适切性。高校思想政治理论课教学内容可以划分为三个不同层次，分别为体现阶级利益和意志的内容、统一编纂的教材或教科书的形成体系的教学内容、选择凝练后形成的具体互动内容。因此，要提高高校思想政治理论课教学方法与教学内容的适切性，首先要考虑高校思想政治理论课教学内容的性质，其次要把握该理论知识的基本特点。最后，要提高教学方法与教学环境的适切性。教学方法与教学环境之间是一种相互影响与相互促进的关系。教学环境的类型主要有物质环境（如班级教学物品、学习管理水平等）、社会环境（班级氛围、课堂教学环境、师生之间的相互关系、社会氛围等）。因此，高校思想政治理论课教学方法的优化要区分宏观环境与微观环境的特点，提高与教学环境的适切性。

（4）不同学段教学方法的分众化运用。中小学阶段的教学方法以

---

① 叶立群总主编，中国教育学会教育学研究会编，潘懋元、王伟廉主编，李放责任编委：《高等教育学》，海峡出版发行集团、福建教育出版社2013年版，第173页。

第六章 高校思想政治理论课教学过程优化的路径

体验式教学为主,通过教师课上引导、课下德育体验的教学方法来完成小学阶段的思政课目标,体验式教学包括不同类型的主题教育、情境体验、志愿服务、个性化体育活动等形式。大学阶段的教学方法则要以课堂讲授为主,可以采用案例讲授、小组讨论等方法,提高学生的参与度,使学生成为课堂的主人,改变传统教学观念当中"教师讲,学生听"的单向传授模式。大学阶段实践教学方法包括参观考察式、引入个人社会责任的模式创新的模拟实践等。

(5)注意现代信息技术对高校思想政治理论课教学方法的影响。中共中央办公厅、国务院办公厅印发《关于深化新时代学校思想政治理论课改革创新的若干意见》明确提出,要大力推进思政课教学方法改革,提升思政课教师信息化能力素养,推动人工智能等现代信息技术在思政课教学中应用。[①] 信息化时代是信息产生价值的时代,是当今时代发展的大趋势。数字时代、人工智能时代的快速发展颠覆了传统的信息传递方式,为突破信息传递的时空局限带来可能。信息传递更多的是集图文、声像、动画于一体的方式进行传播,为思政课教学方法的改革提供丰富资源,带来重大机遇。[②] 所以,教学方法的改革要善于运用数字技术为高校思想政治理论课服务。基于现代信息技术的高校思想政治理论课教学方法主要经历了三个阶段,分别是技术运用阶段、技术整合阶段(线下教学与线上教学达到一定比例的混合式教学)、"互联网+"阶段(MOOC、SPOC、VR),当前正快速迈向智慧教学阶段。高校思想政治理论课教学方法的优化创新应顺应现代信息技术的发展趋势,把网上网下、线上线下教学方法相结合,灵活运用新形式,坚持一体化与分众化的统一,实现多个教学空间优势互补,切实教学的实效性。

---

① 《中华人民共和国学校思想政治理论课重要文献选编》编写组编:《中华人民共和国学校思想政治理论课重要文献选编》(下册),人民出版社 2022 年版,第 1534 页。

② 许慎:《全媒体时代思想政治理论课教学方法的综合创新》,《思想理论教育》2019 年第 12 期。

第三节 畅通高校思想政治理论课
教学过程的环节衔接

完善高校思想政治理论课教学过程的环节衔接，使教学目标、教学内容、教学方法、教学评价等要素构成一个完整的逻辑闭环，是推动高校思想政治理论课教学过程动态优化的内在逻辑理路。离开了教学环节，就没有教学过程。教学过程各环节的顺畅衔接是提升高校思想政治理论课教学效果的支撑和保障，是确保高校思想政治教育理论课教学过程各环节有效运行、稳定推进的重要举措。教学环节展开的关键是有序，也就是解决教学过程中教学环节的完整、展开和连续。教学过程的完整要求每一个内容点的教学要透彻和完整。

一 以教学目标为导向优化教学评价

教学目标贯穿于整个思想政治理论课教学活动的全过程，是整个教学过程的出发点和落脚点，同时又为教学评价提供具体指标和基本依据。教学评价是以一定时期的教学目标为标准，对思政课教学的过程和结果进行价值衡量并服务于教学决策的活动。从某种程度上来讲，思政课教学评价是决定教学过程中教育者教什么、如何教，以及受教育者学什么、如何学的风向标。而高校思想政治理论课教学过程教学评价是以高校思想政治理论课教学目标为依据，对教学过程及教学效果进行质量对比、质量评估的活动，是对高校思想政治理论课教学中所体现的或彰显出的价值做出判断和评估的过程，是高校思想政治理论课教学过程的终极环节。为此，坚持以高校思想政治理论课教学目标为导向，可以有效评估高校思想政治理论课教学的实施过程和实施效果，可以进一步优化高校思想政治理论课教师"教"的过程和学生"学"的过程评价，主要包括对高校思想政治理论课教学过

第六章 高校思想政治理论课教学过程优化的路径

程中的主体要素、介体要素、环体要素等教学过程各要素的评价，其中最为主要的是对教师教学实施过程和学生学习效果的评价。

之所以要以教学目标为导向去优化教学评价是基于以下原因：其一，以教学目标为导向，能够优化高校思想政治理论课实施过程的教学评价，倒逼高校教师反思自身教学质量，可以督促教师开展自我教学评价。长期以来，高校思想政治理论课教学的评价存在着重结果性评价轻过程性评价的现象，忽视对高校思想政治理论课教师专业能力、专业发展的评价。为此，以教学目标的完成度为指标来优化教学评价，有利于促进高校思想政治理论课教学的一线教师更好地投身到高校思想政治理论课教学改革过程之中，有利于教师以提升教学质量为核心和目标，不断提高自身教学的专业化水平，更好地实施教师教学的自我评价，完善高校思想政治理论课教学自评。同时，还能进一步优化对高校思想政治理论课教师教学工作过程的评价，包括教学设计过程、准备过程、实施过程、组织过程等教学环节的全程性评价。其二，教学目标的完成程度表征学生的学习程度。因此，以教学目标为导向，能够优化高校思想政治理论课教学过程评价和学习过程评价。近年来，高校思想政治理论课教学的评价存在着聚焦"教"的结果性评价，对学生"学"的过程、"学"的效果进行质量评价，只强调对学生进行考试或考核，而忽视学生真正内化接受思想政治理论课教学内容的能力。同时，存在重视"教"的教学质量评价和对教学课堂互动质量的评价，对"学"的质量关注甚少，对高校思想政治理论课教学评价及反馈探讨，也只涉及教师如何做才算是"教好"，而不涉及学生如何参与课堂才算是"学好"。为此，基于教学目标的实现程度，并以此为导向来优化教学评价，还有利于提升高校思想政治理论课教学过程中，学生内化教学内容、外化学习内容的统一性，更加关注到对学生"学"的效果评价，关注到学生参与在课堂教学、课堂效果评价的客体性和主体性地位，以更好地优化完善高校思想政治理论课教学评价。其三，以教学目标为导向，能够从整体上优化高校思想政治理论课教学的质量评价。针对教学质量评价，应坚持主体多元式评价，凡参与高校思想政治理论课教学活动过程的各方都应该参与到教学评价中，应以质量为导向，逐步完善学生评价、教师评价、管理者监督评价以及第三方的他者评价，这样才能从客观的视角得出真切的答案，及时发现高校思想政治理论课教学真实存在的问题，也才能切实把准真问题、解决真问题，才能提升高校思想政治理论课教学过程质量、教学整体质量。

　　高校思想政治理论课的教育目标和任务是坚定大学生对马克思主义的信仰和社会主义信念，促进大学生树立正确的世界观、价值观和人生观，养成理想人格。这一目标的制定有其科学依据，它并不是某个或某些教育者随便确定的，而是结合社会发展的客观要求以及受教育者自身思想政治素质水平、精神世界发展的需求等决定的。以教学目标为导向优化教学评价环节，首先要求高校思想政治理论课教学评价要具有可操作性。可操作性主要是指在教学过程的实施中，教学评价目标的设计不能含糊不清、笼统不明、不可捉摸，要具有可观察性、可操作性、可测量性。现代教学设计中越来越重视对教学目标设计的科学性，更加关注学生在教学过程中的获得感、学习活动的发生条件以及符合要求的作业标准。这样才能最大可能地提高教学评价中的精确性和可操控性。其次要求高校思想政治理论课的评价要符合受教育者的学习目标。近年来，高校思想政治理论课教学的评价体系当中存在重"教"轻"学"，重"结果"轻"过程"，重"形式"轻"实质"的不利现象。在能力评价方面，仅仅涉及教师单方面的能力，却并没有关注学生参与课堂的活跃度与效果。为此，把学习目标作为优化教学评价的基本方向，有利于学生内化教学内容、外化学习内容的统一性，有利于更加关注到对学生"学"的效果评价，关注到学生参与在课堂教学、课堂效果评价的客体性和主体性地位，以更好地优化完善高校思想政治理论课教学评价。

二 以教学评价为导向优化教学流程

评价是评估价值、衡量价值、评定价值的重要指标，做好教学评价，是更好完善教学环节、促进教学流程有效衔接的关键步骤，是反思教学效果、提升课程教学质量的重要一环。

高校思想政治理论课教学评价通过观察与检测学生在教学过程中的变化，对实际的学习效果、质量和发展水平进行了科学性的评估，从而对教学实践活动进行重新调整与安排。对高校思想政治理论课教学过程的整体环节运行具有明确的导向性和指导性、鉴别性和选择性、激励性、发展性、反馈性和调节性。强调高校思想政治理论课教学过程衔接优化是源于其内在特点。教学环节不合理，知识结构的内在联系就无法呈现，有意义学习难以组织。因此，以评价为导向，对优化高校思政课教学过程各阶段环节运行、各要素匹配具有重要价值。

以教学评价为导向优化教学流程衔接，首先要全面掌握高校思想政治理论课课堂教学过程的基本环节。通过完善教学评价体系，构建由教学实施过程、教学过程质量和教学过程效果四个系统组成的教学过程的质量评价体系，以优化各个流程环节的衔接。以目标、实施、质量和效果是否符合大方向、是否合理合规、是否达标、是否被内化作为高校思想政治理论课教学过程各环节评判的大概依据，来观测过程目标是否做到精准定位、实施过程是否合理且到位、过程质量是否达标、过程效果是否良好。观测各环节之间的相互连接、相互衔接，因为只有目标方向正确，实施过程才会有效，取得的效果才会令人满意。反之，教学过程效果的好坏影响教学质量水平的高低，这又能影响下一次的教学实施过程，进一步追问教学过程目标的方向性问题，四者之间是一个前后递进且能够反作用的闭合流程，通过把控教学过程质量，既能反思教学实施过程的各环节，也能对教学过程效果产生良好的连锁效应。教与学环节应该是流畅的，也就是学科内容具有逻辑性，不应该由于教学内容不符合知识结构所显示的内在联系，引发学生思维的阻塞。教与学环节应该是呼应的。每一个教学环节互相作用，前后呼应，而不是孤立的。教学的铺垫是为了通过先期教学行为，为学生提供先行组织者，也为学生后续学习活动的顺利展开奠定基础，使学生更好地理解教学内容，降低后续教学过程中的学习难度。教与学环节需要实现有序衔接，而学科知识的内在逻辑关系是实现"教"环节、"学"环节的有序衔接的重要依据。单个的教学环节仅是教学过程连续体中的一环，所有环节之间的良好的衔接，才能保证教学过程的整体性，发挥整体的教学功能。上一个教学环节与下一个教学环节的衔接质量，常会影响教学质量。上一个教学环节应该是后一个教学环节的基础，后一个教学环节是前一个教学环节的继续。为此，需要随时观照关注各环节的发展走向，以评价为导向，在完善教学评价的基础上，逐步优化高校思想政治理论课教学过程的各个环节，使其做到有效衔接，实现各递进阶段教与学的因子整合。其次，构建由教师"教"与"评"、学生"学"与"评"、外界"督"与"评"的"三位一体"的要素评价体系，以优化高校思想政治理论课教学构成要素间的关系衔接。一是高校思想政治理论课教学的主体要素，教师队伍不仅要提升自身教学的能力和水平，还要时刻与教学目标要素相一致、教学内容要素相吻合、教学方法要素相契合，保持各要素间的有效衔接，也做到教师"教"与"评"的衔接。二是高校思想政治理论课教学的客体要素，主要是教学对象，这里主要涉及大学生，他们不仅要在教学实施过程中自觉内化，做到与教师主体要素的有效衔接，同时也要对自身学习效果与教师教学效果做出有效评价，自觉消化且外化为自身的行动，做到学生"学"与"评"的顺畅衔接。三是高校思想政治理论课教学的环体要素，主要是外界环境，这里主要涉及外界对高校思想政治理论课教学的评价及监督，做到"监督"与"评价"、"监督"与"反思"等的顺畅衔接。

结　　语

  与其他课程的教学过程相比，高校思想政治理论课教学过程呈现出明显的特殊性和复杂性。它不仅是一个传授马克思主义理论基本知识、基本观点的教学过程，而且是一个思想政治教育过程，还是一个大学生主体自我建构、内化与外化相统一的过程。

  本书立足于过程视角，以马克思主义的立场、观点、方法为根本遵循，吸收和借鉴了系统科学、教育学、心理学、思想政治教育等学科的相关理论成果，对高校思想政治理论课教学过程优化进行了探究。本书认为，高校思想政治理论课教学过程作为一个系统整体，对其进行优化研究，必须要从整体着眼，对高校思想政治理论课教学过程优化的要素、结构、功能、机制、原则等进行全面观照，力求在环环相扣、层层递进的研究过程中推进高校思想政治理论课教学过程的整体优化。这既是教学发展的内在需求，也是完善教学论研究的必然选择。基于此，本书首先对教学过程优化的内涵、意义等基本理论问题进行探讨，并在阐明教学过程的内涵及特殊性的基础之上，分析和探讨了高校思想政治理论课教学过程优化的概念及特征，厘清了"什么是高校思想政治理论课教学过程优化"这一核心概念。并在此基础上确证了优化的关键要素和基本结构，明确了"高校思想政治理论课教学过程要优化什么"这一基本问题。紧接着阐明高校思想政治理论课教学过程优化的目标，分别从要素、环节、结构功能等维度去论述探究，意在与前文形成完整逻辑闭环。然后接着分析教学过程优化的机制、原则，并在机制与原则的基础之上进一步阐明过程优化的具体路径，主要解决"高校思想政治理论课教学过程如何优化"这一问题。

客观来看，要准确把握高校思想政治理论课教学过程，并在此基础上对高校思想政治理论课教学过程的优化需要深厚的理论功底，需要以系统科学、教育学、心理学及思想政治教育学的理论知识为根基，并且能够融会贯通、熟练运用；除此之外还需要密切关注思想政治理论课建设发展的实际状况，高校大学生的心理发展特点等，并运用敏锐的观察力和辩证的思考力来对其进行考察。因此，对高校思想政治理论课教学过程优化问题进行系统探索和整体建构，对笔者来说是一个很大的挑战。虽反复修改，几易其稿，但囿于本人学识浅薄，理论和实践经验不足，理解不透彻，研究仍然存在不够深入的现象，文中不可避免带有主观色彩，存在片面和不准确之处。但在对这一问题进行深入探究过程中，笔者更加了解到高校思想政治理论课教学过程优化这一选题的理论价值和实践价值，在反思之余也更加坚定了继续研究、攻坚克难的信心。

高校思想政治理论课教学过程的优化是一个永无止境的过程，当高校思想政治理论课教学过程的改进和完善达到一定程度时，更高的标准和要求就又会被提出。本书仅仅是做了初步的探讨，还有更多、更深层次的问题需要进一步开展理论研究和实践探索。这就为接下来的研究提出了要求。

其一，要强化问题意识，提高研究针对性。问题意识是一种自觉发现问题、解决问题的思维方式和心理品质。历史和实践都证明，科学理论的发展就是在不断发现问题、回应问题、解决问题的过程中不断向前的。因此，强化问题意识、建立自身的问题域是教学过程优化研究的基础和前提。正是基于对问题的关注和回应，系统化、立体化的高校思想政治理论课教学过程优化研究才得以开展和推进。因此，需要将高校思想政治理论课教学过程的优化研究放在时代发展和社会发展的背景当中，去不断回应时代发展、社会发展对教学过程优化研究提出的时代要求和现实需求。包括深入探究数字时代高校思想政治理论课教学过程的优化问题，教学过程的线上线下的承接与延续问题，人工智能时代背景下高校思想政治理论课教学过程结构的变化问题，混合式教学过程的优化研究问题，一体化背景下教学过程优化的问题，不同层次思想政治理论课教学过程的差异问题，实践教学过程优化问题，等等。这些也都将是今后一段时间内高校思想政治理论课教学过程优化研究需要关注和推进的重要论域。

其二，要强化整体意识，突出研究的综合性。一项研究的完成从来都不是一个人或者一个部门的工作，高校思想政治理论课教学过程的优化也并非一日之功，需要思想政治教育工作者和社会各界长期不懈的共同努力。高校思想政治理论课教学过程的优化研究说到底也是一个社会综合改革与发展的过程。如果缺乏社会综合改革与发展，或者说没有国家和社会力量的支持，高校思想政治理论课教学过程的优化也只能是浅尝辄止，停留在表面，无法深入下去。因此，进一步推进高校思想政治理论课教学过程优化研究，需要将其置于更为宏观的研究视野，注重发挥合力作用。例如，进一步探究高校思想政治理论课教学过程优化的合力机制，关注如何推动家庭、学校、社会三者之间形成高校思想政治理论课教学过程优化合力，从而形成以学校为主力、家庭和社会为支撑的合力系统。

高校思想政治理论课教学过程的优化是一个常论常新的话题，既要观照现实又要指向未来。本书仅是笔者对高校思想政治理论课教学过程优化问题做出的较为粗浅的探索。但本研究只是笔者学习和研究的一个起点，笔者将有志于在日后的学习和工作中对高校思想政治理论课教学过程优化问题进行深化拓展。

参考文献

一 中文类

（一）经典文献

《马克思恩格斯全集》第3卷，人民出版社1960年版。
《马克思恩格斯全集》第40卷，人民出版社1982年版。
《马克思恩格斯文集》第1卷，人民出版社2009年版。
《马克思恩格斯文集》第7卷，人民出版社2009年版。
《马克思恩格斯文集》第9卷，人民出版社2009年版。
《马克思恩格斯选集》第1卷，人民出版社1995年版。
《马克思恩格斯选集》第1卷，人民出版社2012年版。
《马克思恩格斯选集》第4卷，人民出版社1995年版。
《马克思恩格斯选集》第4卷，人民出版社2012年版。
《列宁全集》第23卷，人民出版社1990年版。
《列宁全集》第45卷，人民出版社1990年版。
《列宁选集》第1卷，人民出版社1995年版。
《列宁选集》第2卷，人民出版社1995年版。
《列宁选集》第4卷，人民出版社2012年版。
《毛泽东选集》第一卷，人民出版社1991年版。
《毛泽东文集》第七卷，人民出版社1999年版。

《邓小平文选》第二卷，人民出版社 1994 年版。

《习近平谈治国理政》，外文出版社 2014 年版。

教育部思想政治工作司组编：《加强和改进大学生思想政治教育重要文献选编（1978—2008）》，中国人民大学出版社 2008 年版。

《十八大以来重要文献选编（上）》，中央文献出版社 2014 年版。

《十八大以来重要文献选编（下）》，中央文献出版社 2014 年版。

中共中央宣传部：《习近平总书记系列重要讲话读本》，学习出版社、人民出版社 2014 年版。

《中华人民共和国学校思想政治理论课重要文献选编》编写组编：《中华人民共和国学校思想政治理论课重要文献选编》（上册），人民出版社 2022 年版。

《中华人民共和国学校思想政治理论课重要文献选编》编写组编：《中华人民共和国学校思想政治理论课重要文献选编》（下册），人民出版社 2022 年版。

（二）中文专著类

查有梁：《教育模式》，教育科学出版社 1993 年版。

陈万柏、张耀灿主编：《思想政治教育学原理》（第二版），高等教育出版社 2007 年版。

陈娱、鹿林：《交互主体性教学——高校思想政治理论课教学新理念》，河南大学出版社 2019 年版。

丁国浩：《问题意识导向下的高校思想政治理论课教学研究》，浙江大学出版社 2017 年版。

董前程：《高校思想政治理论课教学模式改革研究》，中国社会科学出版社 2018 年版。

房玫、汤俪瑾、黄金满：《思想政治理论课教学过程的优化》，安徽师范大学出版社 2018 年版。

冯克诚总主编：《当代教学论发展与论著选读（下）》，人民武警出版社 2010 年版。

顾明远：《杂草集——顾明远教育随笔（一）》，海峡出版发行集团、福建教育出版社 2013 年版。

何孟飞：《新时代高校思想政治理论教学研究》，厦门大学出版社 2018 年版。

华学成、王红艳、张琴：《高校思想政治理论课理论与实践一体化教学模式研究》，中国矿业大学出版社 2014 年版。

黄甫全主编：《现代课程与教学论学程》（下册），人民教育出版社 2006 年版。

焦秋生：《哲学与教育课程论题——关系、结构与过程》，山东大学出版社 2015 年版。

教育部社会科学司组编：《普通高校思想政治理论课文献选编（1949—2006)》，中国人民大学出版社 2007 年版。

教育部思想政治工作司组编：《思想政治教育原理与方法》，高等教育出版社 2010 年版。

李秉德主编、李定仁副主编：《教学论》，人民教育出版社 1991 年版。

李芳：《高校思想政治理论课教学方法科学化研究》，中央编译出版社 2019 年版。

李其龙编著：《德国教学论流派》，陕西人民教育出版社 1993 年版。

李森：《教学动力论》，西南师范大学出版社 1998 年版。

李松林主编：《思想政治理论课教学模式研究》，首都师范大学出版社 2006 年版。

刘吉发、刘强等：《高校思想政治理论课教学方法论：10 余种教学方法的设计与实践》，西北大学出版社 2009 年版。

刘景泉总主编、宋成剑著：《思想政治理论课教学趣味论》，南开大学出版社 2013 年版。

刘烨：《现代思想政治教育过程研究》，中国社会科学出版社 2009

年版。

柳礼泉主编：《大学思想政治理论课实践教学研究》，湖南大学出版社 2006 年版。

骆郁廷主编：《高校思想政治理论课程论》，武汉大学出版社 2006 年版。

蒙佐德、耿德英：《教学认知的多维解构》，电子科技大学出版社 2006 年版。

全国十二所重点师范大学联合编写、裴娣娜主编：《教学论》，教育科学出版社 2007 年版。

佘双好：《思想政治理论课程教学法探析》，中国人民大学出版社 2018 年版。

佘双好：《现代德育课程论》，中国社会科学出版社 2003 年版。

沈壮海：《思想政治教育有效性研究》（第二版），武汉大学出版社 2008 年版。

施丽红、苏洁：《高校思想政治课有效教学》，光明日报出版社 2012 年版。

施良方、崔允漷主编：《教学理论：课堂教学的原理、策略与研究》，华东师范大学出版社 1999 年版。

石云霞：《高校思想政治理论课程建设史研究》，武汉大学出版社 2006 年版。

孙爱春、牛余凤主编：《思想政治教育原理与方法》，光明日报出版社 2018 年版。

唐世刚、杨江民：《高校思想政治理论课教学理论与实践创新研究》，重庆出版集团、重庆出版社 2015 年版。

王本陆主编：《课程与教学论》（第 2 版），高等教育出版社 2009 年版。

王策三：《教学论稿》（第二版），人民教育出版社 2005 年版。

王能东：《高校思想政治理论课教学论》，人民日报出版社2017年版。

吴也显：《教与学：课堂文化重建及走势》，南京师范大学出版社2013年版。

吴也显主编：《教学论新编》，教育科学出版社1991年版。

辛源：《大学生思想政治理论课认同研究》，中国商务出版社2018年版。

徐瑞鸿：《大学生中国特色社会主义理论体系教育链研究》，湖南大学出版社2021年版。

闫承利：《教学最优化通论》，教育科学出版社1992年版。

严昌莉：《高校思政理论课教学实务研究》，北京工业大学出版社2021年版。

杨威：《思想政治教育发生论》，中国社会科学出版社2009年版。

叶立群总主编、中国教育学会教育学研究会编、潘懋元、王伟廉主编、李放责任编委：《高等教育学》，海峡出版发行集团、福建教育出版社2013年版。

宇文利：《现代思想政治教育课程论》，北京大学出版社2012年版。

张传燧：《中国教学论史纲》，湖南教育出版社1999年版。

张焕庭主编：《西方资产阶级教育论著选》，人民教育出版社1964年版。

张加明、胡沫等编著：《高校思想政治理论课教学方法体系优化创新研究》，长江出版传媒、湖北人民出版社2017年版。

张耀灿、郑永廷、吴潜涛、骆郁廷等：《现代思想政治教育学》，人民出版社2006年版。

张玉玲、左守志、吴高波主编：《思想政治理论课教学价值论》，中央文献出版社2008年版。

赵文辉：《高校教学质量保障问题研究》，中国人民公安大学出版社

2009年版。

郑敬斌：《学生思想政治教育内容体系整体构建研究》，吉林人民出版社2013年版。

  （三）中文译著类

[丹] 克努兹·伊列雷斯：《我们如何学习：全视角学习理论》，孙玫璐译，教育科学出版社2010年版。

[美] M. 李普曼编：《当代美学》，邓鹏译，光明日报出版社1986年版。

[美] 巴格莱：《教育与新人》，袁桂林译，人民教育出版社2005年版。

[美] 拉尔夫·泰勒：《课程与教学的基本原理》，施良方译，瞿葆奎校，人民教育出版社1994年版。

[美] 莫里斯·L. 比格：《学习的基本理论与教学实践》，张敷荣、张粹然、王道宗译，文化教育出版社1983年版。

[日] 筑波大学教育学研究会编：《现代教育学基础》，钟启泉译，上海教育出版社1986年版。

[瑞士] 皮亚杰：《结构主义》，倪连生、王琳译，商务印书馆1984年版。

[苏] Ю. К. 巴班斯基主编：《教育学》，李子卓、杜殿坤、吴文侃、吴式颖、赵玮译校，人民教育出版社1986年版。

[苏] 巴拉诺夫、沃莉科娃、斯拉斯捷宁等编：《教育学》，李子卓、赵玮、韩玉梅、吴式颖等译校，人民教育出版社1979年版。

[苏] 斯卡特金主编：《中学教学论——当代教学论的几个问题》，赵维贤、丁酉成等译，人民教育出版社1985年版。

[苏] 尤·克·巴班斯基：《教学过程最优化——一般教学论方面》，张定璋等译，人民教育出版社2007年版。

[苏] 赞科夫编：《教学与发展》，杜殿坤、张世臣、俞翔辉、张渭

· 217 ·

城、丁酉成、叶玉华译，人民教育出版社 2008 年版。

（四）期刊类

柏路：《思想政治理论课主导性和主体性相统一的审思与探索》，《高校马克思主义理论研究》2020 年第 3 期。

陈秉公：《试论思想政治理论课教材体系向教学体系转化的规律性》，《思想理论教育导刊》2008 年第 9 期。

冯刚、朱宏强：《深刻把握思想政治理论课价值性和知识性相统一的功能作用》，《思想政治课研究》2019 年第 2 期。

付晓容：《大学生思想政治理论课抬头率提升探究》，《思想理论教育导刊》2018 年第 4 期。

高静毅：《优化高校思想政治理论课教学的过程性要素》，《高校辅导员》2021 年第 1 期。

洪晓畅、毛玲朋：《高校思想政治理论课与社会实践活动的协同优化研究》，《思想理论教育导刊》2020 年第 10 期。

黄建军：《高校思想政治理论课内涵式发展的模式探索》，《中国高等教育》2019 年第 11 期。

贾彦琪、汪明：《教师主导：摒弃抑或深化》，《江苏高教》2017 年第 6 期。

江山野：《论教学过程和教学方式（上）》，《教育研究》1983 年第 9 期。

李博豪、王海涛：《高校思想政治理论课学习过程评价及其优化》，《学校党建与思想教育》2019 年第 23 期。

李昊婷：《新时代高校思想政治理论课获得感的生成机制与提升路径》，《思想教育研究》2019 年第 6 期。

李自强：《耗散结构理论与教学过程优化》，《中国电化教育》1996 年第 12 期。

刘兴璀：《高校思想政治理论课课堂话语交往质量研究》，《思想政治教育研究》2018 年第 1 期。

潘杨福、李款、徐杰：《教学切片分析：高校思想政治理论课课堂教学优化新范式》，《思想教育研究》2018 年第 4 期。

蒲清平、何丽玲：《思想政治理论课要坚持主导性和主体性相统一》，《思想教育研究》2019 年第 11 期。

戚万学：《20 世纪西方道德教育主题的嬗变》，《教育研究》2003 年第 5 期。

佘双好：《关于高校思想政治理论课程定位的探讨》，《思想理论教育》2007 年第 21 期。

佘双好：《提升思想政治理论课教学质量的规律探讨》，《中国高校社会科学》2018 年第 2 期。

王家瑾：《从教与学的互动看优化教学的设计与实践》，《教育研究》1997 年第 1 期。

邢真：《教学过程优化的基本特征》，《中国教育学刊》1998 年第 6 期。

许慎：《全媒体时代思想政治理论课教学方法的综合创新》，《思想理论教育》2019 年第 12 期。

杨威：《论思想政治理论课的学习体验及其优化路径》，《马克思主义与现实》2019 年第 6 期。

叶启绩：《关于马克思主义及其基本原理与整体性的思考》，《思想理论教育》2016 年第 1 期。

宇文利：《努力掌握并用好思想政治理论课教学的科学规律》，《思想理论教育导刊》2017 年第 9 期。

张广君：《教学存在的发生学考察：一个新的视角》，《教育研究》2002 年第 2 期。

赵庆寺：《"互联网＋"时代高校思想政治理论课的优化路径》，《思想理论教育》2017 年第 4 期。

赵欣：《巴班斯基教学过程最优化理论对提高思想政治理论课教学有效性的启示》，《学校党建与思想教育》2012年第26期。

赵野田、张应平：《思想政治教育过程研究综述》，《思想政治教育研究》2009年第2期。

钟启泉：《教学最优化研究入门（代结束语）最优化教学模式的探索——广冈亮藏的教学最优化思想》，《外国教育资料》1986年第2期。

二　英文类

Edward L. Deci and Richard M. Ryan, *Intrinsic Motivation and Self-Determination in Human Behavior*, New York: Plenum Press, 1985.

后　　记

本书是在我的同名博士论文基础上修改而来的，也可以看成我学习思想政治教育专业十余年的一个阶段性成果。从本科入学至博士毕业，我的研究兴趣和研究方向始终没有偏离高校思想政治教育的研究领域。而本书选题恰好也是缘起于本人的研究兴趣、博士阶段后备计划人才的使命及现今高校思政课教学工作者的责任担当。

本书以高校思想政治理论课教学过程优化研究为核心论题进行展开，从基础理论的研究视角，对高校思想政治理论课教学过程优化的要素、结构、功能、机制、原则等进行全面观照，力求在环环相扣、层层递进的研究过程中拓展高校思想政治理论课教学研究的广度与深度，推进高校思想政治理论课教学过程的整体优化。当然，我深知要全面、深入、透彻地描绘和揭示高校思想政治理论课教学过程，并对其进行优化探究，不仅需要深厚的理论功底，还需要较为扎实的实践经验。作为本人的第一本学术专著，作为对该选题的阶段性思考，本书难免存在挂一漏万的地方。由于本人学识有限，加之时间仓促，本书在修改的过程中，除了做一些必要的扩充和调整之外，基本上保持了博士论文的框架，内容上也基本保持了论文的原貌。随着教学和研究的深入，对该研究进一步深化、完善、拓新是我今后继续努力的方向。

高校思想政治理论课教学过程优化研究

　　本书在写作和出版的过程中，得到了很多人的指导、帮助和支持。特别感谢我的导师杨威教授，在论文写作过程当中老师不辞辛苦，倾注大量心力。记得我在博士论文致谢当中写道："攻读博士学位的过程是一个艰难而辛苦的过程：确定研究方向的苦恼，小论文大论文破碎再重建的痛苦，时不时涌上来的失落、挫败与自卑……但是我很幸运，我遇到了一位好导师。他可亲可爱可敬，他恪守'传道、授业、解惑'之责，严谨治学、严谨传道。他深厚的学术造诣、严谨极致的治学态度、淡泊名利的个人品格不仅为我的学术研究指明了方向，也为我树立了为人为师之典范。如果没有恩师的悉心指导，就没有眼前这篇博士毕业论文的呈现：从论文选题、开题到写作，大到文章的结构安排、思想提炼，小到标点符号的运用，杨老师字斟句酌地推敲，逐字逐句地修改，提出了诸多的建设性意见，为垂头丧气、手足无措的我提供了写作指导和心理支撑，此文的顺利呈现离不开杨老师的不辞辛苦和对学生的殷切关怀。除此之外，生活当中，恩师也以自己的人生哲学给予阅历空白的我以诸多指引与关心。跌跌撞撞一路走来，一直诚惶诚恐于自己的幸运。感谢上苍的眷顾，让我遇到了如此可亲可近可爱的杨老师。珞珈三年，何其有幸，得一良师，幸甚至哉，师恩如海，永记我心。"虽然已经毕业离开老师三年时间，但谆谆教导犹在耳畔。老师言传身教、耳提面命，为我点亮人生路上前进的明灯。说到底，本书是在杨老师的引导下，我们一起探索形成的成果。没有老师的不辞辛苦，也就没有这篇著作的呈现。

　　此外还要衷心感谢骆郁廷教授、倪素香教授、项久雨教授、李斌雄教授等在博士求学、答辩过程当中的不吝指导和宝贵意见。依托于武汉大学马克思主义学院的平台，我感受到了如骆郁廷教授、沈壮海教授、佘双好教授、倪素香教授、熊建生教授、项久雨教授等老师在思想政治教育不同领域研究者的独特魅力。武汉大学马克思主义学院

后 记

的浓厚的学科氛围,也拓展了自己的研究视野,为我今后的研究提供了底气与勇气。

这里还要感谢我的硕士导师李晓娥教授。如果说杨老师对我的关心和指导是指路明灯,那么我的硕士导师李晓娥教授对我的关爱则更多体现为坚强后盾。自2018年硕士毕业离开李老师来汉求学,2021年博士毕业来到西安工作,她的谆谆教导、殷切期待一直牢记在心,她在生活、学习上给予的不间断的无私的爱将我团团包围,是我学习、工作、生活上不断向上的温柔力量,是我哭泣、绝望、自卑时的前进动力。

此外,本书的顺利完成还直接受益于"杨家将"的各位同门兄弟姐妹以及定期师门会上彼此的坦诚分享和批评指正。感谢颜值正义哥——陈武老师,在论文写作过程中,有颜有才的陈老师从其独特的专业视角给予我诸多理论启发;在我焦虑烦躁时给予及时的心理疏导和鼓励。感谢我的好姐姐——人美心善的管金潞,三年以来,她一直以她的善良单纯和出色能力在为人、学习、情感等方面给予我明确指引和支持鼓励,引我成长,引我理智,引我积极。感谢我的同门好友——颜值爆表的汪萍同学,三年以来,我们分享快乐与忧愁,相互监督与鼓励,彼此打气,在几乎一致的学习、生活节奏中走过了三年难忘的学习时光。此外,感谢同门陈毅、董婷、张一苇、谭文伦、徐国章、耿春晓、田祥茂、魏道、黄碧玉等,感谢师门兄弟姐妹给予的支持、鼓励与温暖。

特别要感谢我的家人。我的妈妈是一位伟大的女性,她乐观面对生活的磨难与挫折,身背重担勇敢前行,妈妈以独立、坚强教给了我做人应具有的基本品质。同时感谢哥哥嫂嫂的关心和支持。还要感谢我的活力少年郎,我的男朋友王辉同学,几年以来给予的虽不浪漫但分量十足的典型理工男式的关心和呵护,感谢他在我论文写作期间对我坏情绪的包容。

最后还要衷心感谢中国社会科学出版社刘艳老师,为本书的出版做了大量的工作。同时,深深感谢西安电子科技大学马克思主义学院为本书的出版提供资助。

学海无涯,坚持向前!愿羽翼丰满,不负众望。

李　琰
2024年1月5日于西电